经济法基础与实践探究

郭玉坤　唐锦辉　孟　芳○著

中国商务出版社
·北京·

图书在版编目（CIP）数据

经济法基础与实践探究 / 郭玉坤，唐锦辉，孟芳著. -- 北京：中国商务出版社，2023.5
ISBN 978-7-5103-4718-4

Ⅰ．①经… Ⅱ．①郭… ②唐… ③孟… Ⅲ．①经济法－中国－高等学校－教材 Ⅳ．①D922.29

中国国家版本馆CIP数据核字(2023)第098606号

经济法基础与实践探究
JINGJIFA JICHU YU SHIJIAN TANJIU

郭玉坤　唐锦辉　孟芳　著

出　　版：	中国商务出版社
地　　址：	北京市东城区安外东后巷28号　　邮　编：　100710
责任部门：	外语事业部（010-64283818）
责任编辑：	李自满
直销客服：	010-64283818
总 发 行：	中国商务出版社发行部　（010-64208388　64515150　）
网购零售：	中国商务出版社淘宝店　（010-64286917）
网　　址：	http://www.cctpress.com
网　　店：	https://shop595663922.taobao.com
邮　　箱：	347675974@qq.com
印　　刷：	北京四海锦诚印刷技术有限公司
开　　本：	787毫米×1092毫米　1/16
印　　张：	12.25　　　　　　　　　　　　　字　数：253千字
版　　次：	2024年4月第1版　　　　　　　　　印　次：2024年4月第1次印刷
书　　号：	ISBN 978-7-5103-4718-4
定　　价：	70.00元

凡所购本版图书如有印装质量问题，请与本社印制部联系（电话：010-64248236）

版权所有　盗版必究　（盗版侵权举报可发邮件到本社邮箱：cctp@cctpress.com）

前言 preface

法治是现代文明的制度基石，知法、守法、用法、尊法是现代社会对每个公民的基本要求。全面依法治国、建设社会主义法治国家，离不开每个公民的参与和支持，大学生更负有特殊使命和责任。大学生学习法律的目的，不仅要掌握法的知识，更重要的是增强法律意识，提升法治素养，使自己成为社会秩序的自觉维护者。经济法是为国家经济平稳有序运行保驾护航的法；经济法是促进和保护国家经济发展的法；经济法是我国法律体系中重要的法律部门。社会主义市场经济是法治经济，市场经济无论建立抑或完善，均需要相应法律制度做保障。社会经济生活方方面面都离不开法律，社会经济运行更需要各部门法律的共同维护和保障。

本书首先研究了经济法的社会、经理与理论基础，揭示了经济法的本质、理念与基本原则等。其次结合近年来我国经济法实践的新发展，对市场经济运行中常见的经济法理论和实践问题进行了介绍和阐述。本书主要选编的法律有：公司法、合同法、反不正当竞争法、反垄断法、产品质量法、消费者权益保护法、中国人民银行法、商业银行法、证券法、票据法等。

在本书的写作过程中，编者参考、吸收了有关专著、教材、论文中的观点和资料，谨向它们的作者表示致敬！由于编者水平有限，写作时间又较仓促，疏漏或不足在所难免。恳请使用本书的老师、同学、读者批评指正，以便我们不断充实和完善。

编 者

2023 年 2 月

目录 contents

第一章　经济法的基础 ································· 1

　第一节　经济法的社会基础 ································· 1

　第二节　经济法的经济基础 ································ 16

　第三节　经济法的理论基础 ································ 24

第二章　经济法的内涵 ································ 29

　第一节　经济法的本质 ···································· 29

　第二节　经济法的理念 ···································· 38

　第三节　经济法的基本原则 ································ 47

第三章　公司法律制度 ································ 57

　第一节　公司与公司法 ···································· 57

　第二节　有限责任公司 ···································· 60

　第三节　股份有限公司 ···································· 68

　第四节　公司管理人员制度 ································ 75

　第五节　公司变更 ·· 76

第四章　合同法律制度 ································ 80

　第一节　合同与合同立法 ·································· 80

　第二节　合同的订立与效力 ································ 84

　第三节　合同的履行与担保 ································ 93

　第四节　合同的变更与违约责任 ··························· 104

第五章 经济竞争法律制度 ... 113

第一节 反不正当竞争法 ... 113
第二节 反垄断法 ... 118
第三节 产品质量法 ... 127
第四节 消费者权益保护法 ... 135

第六章 金融法律制度 ... 144

第一节 中国人民银行法 ... 144
第二节 商业银行法 ... 147
第三节 银行不良资产清收处置及业务经营中的法律风险防范 ... 151
第四节 证券法 ... 155
第五节 票据法 ... 169

参考文献 ... 187

第一章 经济法的基础

第一节 经济法的社会基础

一、市民社会：经济法的社会基础

（一）古典市民社会及其特征

市民社会是指虽在社会内却在政府控制范围以外的民间组织和活动空间，它是直接从生产和交换中发展起来的私人活动领域，与作为公共领域抽象的政治社会相对应，是市民构成的社会，是市民交往的总和。市民社会是"处在家庭和国家之间的差别的阶段"[①]，真正的市民社会只是随同资产阶级发展起来的。因为，只有到了近现代，随着资本主义商品经济的发展和资产阶级在思想文化和政治领域的全面胜利，市民和市民社会才真正摆脱了封建奴役和宗教奴役，并且与政治国家才有了较为明晰的分离与界限，成为相对于政治国家的现实存在。

市民社会源于古希腊、古罗马时期。随着社会出现私人利益甚或阶级，古希腊、古罗马便出现了以城市为单元的城邦国家。其中古罗马城邦不断拓展，竟成了横跨欧、亚、非三大洲的大帝国。但是，古罗马人"从不为了公共领域而牺牲私有领域，相反，他们懂得只有在两者共存的形式中，这两种领域才能生存下去"，[②] 所以其市民社会也得以长足发展。起初，古罗马将市民权仅仅赋予罗马"市民"——即居住在古罗马本土的享有市民法规定的各项权利的自由人。但是，到了公元 212 年，卡拉卡拉（Caracalla）皇帝把古罗马市民权赋予了罗马帝国境内的所有居民，包括与"市民"相对的"臣民"。这样，古罗马

[①] [德]黑格尔；范扬，张企泰译.法哲学原理[M].北京：商务印书馆，2017.08.
[②] [美]汉娜·阿伦特；竺乾威等译.人的条件[M].上海：上海人民出版社，1999.12.

市民社会随罗马帝国的繁荣而不断壮大。虽然"古代的起点是城市及其狭小领地","罗马始终不过是一个城市",① 但市民社会之市民早已超越了"城市居民"之界限而成为"私人",即普通人。这些普通人是属于他自己、谋求自己利益的自然人、是本来的人,真正的人。他们不仅是"道德人",更是"经济人""理性人",是自身利益的最佳判断者和商品生产者。

市民社会的概念是伴随着古希腊、古罗马时期亚里士多德(Aristotle)的"城邦"概念和西塞罗(Cicero)的"国家"概念而出现的。自有文字记载以来,怎样发展个体与群体的关系,维持城邦的稳定和繁荣一直是学者们不断探讨的主题。亚里士多德的城邦概念对这一问题的探讨可谓这一时期的理论翘楚,对后世影响深远。

亚里士多德在继承和发扬柏拉图(Plato)的《理想国》和《法律篇》中对政体问题探讨的基础上,结合现实提出了城邦概念。在《政治学》一书中,亚里士多德认为:"城邦的出现、发展出于自然并随着时间的推移发展进步,这里的'自然'不是指先于人的自在的物理和生物世界,而是人的生活世界的全体。"② 城邦的出现源于自然,家庭在本源意义上后于城邦而出现,家庭的出现是依据人们的自然需要自然地出现的。随着以家庭为单位的组织越来越多地出现,就产生了能够支持各家庭生活所需和交往必备的集合体,我们将其称之为村庄,因为它是依靠姓氏或血缘关系组成的大团体,因此,我们看到家庭和村庄二者都是依据自然关系的发展进而演变出来的生活集结体。依据发展规律,城邦的形成有其自然本性,因为村庄是由不同的家庭组建而成的,许多不同的家庭又组建成不同的村庄,这样以一种自然而然的方式形成了城邦。

亚里士多德认为,城邦的目的有两个。第一,城邦的一般含义就是为了维持自给生活而具有足够人数的公民集团。③ 第二,城邦是作为一切社会团体中最广泛的社会团体,它的目的在于将"善"上升到最高的层次,并且认为城邦的"善"是由公民的"善"发展而来。正是在这种论述过程中,他界定了人的本性:"人类自然是趋向于城邦生活的动物,人类在本性上也是一个政治动物"。这一见解比"人是两条腿而没有羽毛的动物"等将人与动物进行对比的人的概念要深刻,他不仅将人与动物真正地区分开来,而且从个体与群体的关系层面对人进行了考察和分析。该界定对后世产生了极其深远的影响——马克思的《关于费尔巴哈的提纲》就充分反映了这一点。

作为市民社会概念的第二个接棒者西塞罗将亚氏的城邦概念改造成了"国家"。"今

---

① 中共中央马克思恩格斯列宁斯大林著作编译局. 马克思恩格斯选集 1 [M]. 北京:人民出版社,2012.09.
② 洪涛. 逻各斯与空间:古代希腊政治哲学研究 [M]. 上海:上海人民出版社,1998.03.
③ [古希腊] 亚里士多德. 政治学 [M]. 北京:商务印书馆,2017.08.

天，几乎所有的政治法律学说史家都不认为这位古罗马时期的思想家对西方政治法律传统有什么独到的重大贡献，但是又几乎所有的重要的政治法律思想史的著作都不能不提到西塞罗"①，西塞罗在其个人独特的经历基础上，结合柏拉图、亚里士多德、斯多葛学派和伊壁鸠鲁等的学说，提出了国家的概念。他不同于其他思想家那样忽视现实及其理论在现实中的实践，以社会现实特别是以古罗马国家的现实为基础而不是以假想的国家模式来构建国家的概念。而这一概念是以当时地中海周边日益扩大的人类交往这一现实为基础的，是罗马全体居民尤其是国家历任管理者的努力和长远规划在理论上的写照，也是当时罗马生产方式在理论上的反映。②

西塞罗也是最早明确了传统意义市民社会概念含义的人。在他看来，市民社会作为一种城市的文明政治共同体，与野蛮人的野蛮状态有着重要的区别。

首先，它作为一种城市文明，有着自己的都市文化、工商业生活等；其次，它作为一种政治文明，有着自己的法律和政府，这些都是人民的共同财产，共和国乃是人民的事业；最后，它是一个道德的集体，其目的在于实现公平和正义的原则，它用道德的纽带把人们联系起来。其后，随着基督教徒在罗马帝国中的力量日渐强大，市民社会的概念也发生了一系列的变迁。例如，公元17世纪至18世纪，一些契约论思想家（如洛克、卢梭、康德等人）为了反对为专制王权提供君权神授的理论依据，对市民社会的概念又进行了阐述，把政府权威的来源从上帝那里转到了民众那里。

总之，古典市民社会的概念主要呈现以下三个特征：

1. 他们对这一概念的使用具有强烈的道德批判意味，他们总是将社会分为文明社会与野蛮社会。由家庭、村落乃至部落组成的野蛮状态，只是社会共同体而不是政治共同体，因此无法过上快乐而有道德的生活。只有组成政治共同体时才能够过上美好的生活，这也是人类进入文明社会的首要标志。

2. 他们往往在政治社会的意义上使用市民社会的概念。虽然他们承认市民社会中存在着家庭、私有财产、工商业生活等，但这些要素在野蛮社会也同样存在，所以不构成市民社会的主要特征。

3. 他们所讲的政治社会乃是一种公民社会，建立在共和政体基础上的一种社会。在共和政体中，政府的权威来自公民的同意，政府的目的是保障公民过上幸福的生活。

---

① [古罗马] 西塞罗；沈叔平，苏力译. 国家篇 法律篇 [M]. 北京：商务印书馆，2009.05.
② 梅艳玲. 市民社会概念的历史逻辑演变及启示 [D]. 苏州大学.

(二) 现代市民社会：经济法的社会基础

现代市民社会的概念是对政治国家和市民社会相分离的现实的反映，政治国家和市民社会的分离则是近代欧洲的产物。[①] 中世纪时期，市民社会和政治国家达到了统一的顶峰，"中世纪的精神可以表述如下：市民社会的等级和政治意义上的等级是同一的，因为市民社会就是政治社会，因为市民社会的有机原则就是国家的原则"。[②] 16 世纪以后，随着民主国家的出现和君主立宪政体的建立，市民等级在王权的保护下获得了从事工商业活动的自由，私人领域的独立开始了市民社会和政治国家的分离过程。

市民社会和政治国家的分离过程从 16 世纪就已开始，但到了 18 世纪，一些思想家才认识到国家和社会的区别，并在此基础上提出了一些颇有价值的观点。科亨（Cohen）和阿拉托（Arato）在其著作《市民社会与政治理论》一书中阐述了这些思想家的贡献。洛克（Locke）未对政府和社会做出明确的区分，只是模糊地意识到两者的区别；法国伟大的启蒙思想家孟德斯鸠（Montesquieu）和伏尔泰（Voltaire）明确地区分了政府和社会，并期望二者的分离。

黑格尔（Hegel）是第一个全面阐述市民社会与政治国家关系的学者，在其《法哲学原理》中明确地界分了国家与市民社会。他认为，市民社会是各个成员作为独立的个体的联合。"在市民社会中，每个人都以自身为目的，其他一切在他看来都是虚无。但是，如果他不同别人发生关系，他就不可能达到他的全部目的，因此，其他人便成为特殊的人达到目的的手段。但是特殊目的通过同他人的关系就取得了普遍性的形式，并且在满足他人福利的同时，满足自己。"[③] "市民社会含有三个环节：第一，通过个人的劳动以及通过其他一切人劳动与需要的满足，使需要得到中介，个人得到满足——即需要的体系；第二，包含在上列体系中的自由这一普遍物的现实性——即通过司法权对所有权的保护；第三，通过警察和同业公会，来预防遗留在上列两体系中的偶然性，并把特殊利益作为共同利益来予以关怀。"[④] 在三个环节中，"需要的体系"构成市民社会及其活动的主要内容。但由于市民社会中的伦理精神还处于无节制的特殊性阶段，所以，国家的干预是必不可少的。在黑格尔看来，市民社会作为一个独立的领域，虽有它自己的组织原则，但它并不能离开

[①] 何增科. 公民社会与民主治理 [M]. 北京：中央编译出版社, 2007.11.

[②] [德] 马克思；中共中央马克思恩格斯列宁斯大林著作编译局译. 黑格尔法哲学批判 [M]. 北京：人民出版社, 1963.01.

[③] [德] 黑格尔；范扬, 张企泰译. 法哲学原理 [M]. 北京：商务印书馆, 2017.08.

[④] [德] 黑格尔；范扬, 张企泰译. 法哲学原理 [M]. 北京：商务印书馆, 2017.08.

国家。因为，国家是普遍原则的体现者，个人、家庭和市民社会都必须"从属于"它。总之，黑格尔是比较完整地、系统地提出现代市民社会理论的第一人，也奠定了他在市民社会理论发展史上的重要地位。"黑格尔早期对市民社会现象的观察，不仅是辩证法的真正源泉，而且同时也确保了原则上的进步性。"① 西方马克思主义的早期代表人物卢卡奇（Lukacs）如是说。但我们仍然看到黑格尔在这一理论上存在着缺陷。首先，他将家庭排斥在市民社会之外；其次，他将司法制度和警察等政治国家的机构也纳入市民社会之中；最后，他认为"国家属于伦理精神发展的普遍性阶段"，对代表普遍性原则的国家合理性的过分强调和理想化描述，使他得出了家庭和市民社会从属于国家的结论。

马克思在黑格尔"市民社会"概念的基础上，进一步完善了这一理论，并系统论述了市民社会的发展规律及其与政治国家的关系。马克思认为，市民社会是对私人活动领域的抽象，是私人需要的体系，是私人利益关系的总和。"任何一种所谓人权都没有超出利己主义的人，没有超出作为市民社会的成员的人，即作为封闭于自身、私人利益、私人任性、同时脱离于社会整体的个人的人。"② 自由、平等、私有财产权成为市民安身立命的根本，成为市民的"牢固成见"，市民阶级注定要成为现代平等要求的代表者，成为商品生产者。马克思指出，随着社会利益分化为私人利益和公共利益两大相对独立的体系，整个社会就分裂为市民社会和政治国家两个领域。市民社会是私人利益关系的总和，政治国家是公共利益关系的总和。"有一定的市民社会，就会有不过是市民社会的正式表现的一定的政治国家。"③ "现代国家的自然基础是市民社会以及市民社会中的人"，④ 市民社会对于政治国家来说是原动力，"绝不是国家制约和决定市民社会，而是市民社会制约和决定国家"。⑤ 显然，"市民社会是全部历史的真正的发源地和舞台"。⑥ 从马克思的市民社会理论可以看出，市民社会其实源出于保护个人自由的思考以及对市场经济的弘扬。

一般而言，市民社会被视为是生产和交换的自由场所，政治国家则被视为是垄断了强制性权力的公共权威。前者是自发的、平等的和私人性的，其运行有着自发和原生的性质；后者是人为的、等级制的和公共性的，其运行有着人为和次生的性质。市民社会与政治国家分属于两个完全不同的领域，受完全不同的规则支配。但由于市民社会的自主性确

---

① 中国社会科学院哲学研究所. 国外黑格尔哲学新论 [M]. 社会科学出版社，1982.
② [德] 马克思，[德] 恩格斯；中共中央马克思恩格斯列宁斯大林著作编译局编译. 马克思恩格斯全集 1 [M]. 北京：人民出版社，2016. 10.
③ 中共中央马克思恩格斯列宁斯大林著作编译局编译. 马克思恩格斯选集 4 [M]. 北京：人民出版社，2012. 09.
④ 中共中央马克思恩格斯列宁斯大林著作编译局编译. 马克思恩格斯选集 2 [M]. 北京：人民出版社，2012. 09.
⑤ 中共中央马克思恩格斯列宁斯大林著作编译局编译. 马克思恩格斯选集 1 [M]. 北京：人民出版社，2012. 09.
⑥ 中共中央马克思恩格斯列宁斯大林著作编译局编译. 马克思恩格斯选集 1 [M]. 北京：人民出版社，2012. 09.

立了公共权威的自然界限，所以政府的经济行为也被纳入法治的轨道，有了一种衡量的尺度。

到了哈贝马斯（Habermas）时代，社会与国家的关系已发生了重大的变化。政治国家在现代化的借口下迅速膨胀，并以不同的形式、从不同的角度向市民社会渗透，市民社会的独立性似乎受到了挑战。正是在这样的背景下，现代市民社会理论发生了转型，开始注重市民社会的社会和文化构成。哈贝马斯在综合各家学说的基础上，精辟地分析了市民社会在当代西方发生的重大变化及其后果。他认为，市民社会是一种独立于政治国家的私人自治领域，包括私人领域和公共领域。其中私人领域是指由市场对生产过程加以调节的经济子系统；公共领域则是各种非官方的组织和机构构成的私人有机体，包括团体、俱乐部、党派等，实际上是社会文化领域，它为人们提供了讨论有关公共事务的场所。公共领域的发展具有双重作用：一是促进社会的整合和群体的认同，人们在这里找到了社会生活的意义和价值；二是为国家和政治子系统奠定了合法性基础。哈贝马斯着重分析了市民社会的结构在当代发生的重大变化。他认为，第一次世界大战后，由于国家权力的膨胀和商业化原则的盛行，市民社会的结构发生了重大变化：第一，政治子系统和经济子系统从分离走向结合。为了克服经济危机，国家重新进入再生产过程，经济子系统不再作为独立于国家的私人领域而存在。第二，公共领域受到商业化原则的侵蚀。随着商业化原则对社会文化生活领域的渗透，大众文化把追求商业利益摆在首位，日益低级庸俗。①

不难发现，由于现代市民社会理论坚信发达、完善的市民社会与公正、高效的政府有着必然的联系，所以特别强调市民社会与政治国家的互动关系。而事实上，市民社会与政治国家"老死不相往来"的时代也早已一去不复返了。

当代市民社会理论虽有市民社会—政治国家的"二分法"与市民社会—经济—政治国家的"三分法"之争，但是，学界对市民社会之实质即市民社会是"独立"于国家的私人自治领域已形成共识，并对市民社会的结构性特征与文化特征做了清晰的描述。②

市民社会的结构性特征为：①市民社会为私人领域。私人领域是私人自我发展的领域，是私人自主从事商品生产和交换的领域，市场机制和私人产权为其必备要素。②市民社会以志愿性社团为其核心要素。志愿性社团是团体成员基于共同利益或信仰而自愿结成的社团，是一种非政府、非营利的社团组织，它不以血缘和地缘为基础，其成员的加入和退出也是自愿的。③市民社会之市民活跃于公共领域。公共领域是介于私人领域和公共权

---

① 何增科. 市民社会概念的历史演变［J］. 中国社会科学，1994，（第5期）：67-82.
② 何增科. "公民社会与第三部门"研究引论［J］. 新华文摘，2000，（第5期）：162-165.

威之间的一个领域，是各种公众聚会场所的总称。市民在这一领域可以对公共权威及其政策和其他共同关心的问题进行自由的、理性的、批判性的讨论和评判。

市民社会的文化特征为：①市民社会坚持个人主义和多元主义。个人是市民社会生活的基本单位，市民社会和国家都是为了保护和增进个人的权利和利益而存在的。所以，市民社会无疑又是个人生活方式的多样化、社团组织的多样性和思想的多元化的统一。②市民社会表现为政务活动的公开化和公共领域的开放性，这也是市民评判公共权威和参与国家政治的前提。③市民社会倡导法治原则。只有实行法治，才能划定国家行为的界限，实现市民社会与政治国家的良性互动。

（三）市民社会的法治取向

1. 市民社会是实现法治的社会文化基础

市民社会与法有着非常密切的联系，马克思、恩格斯指出："因为国家是统治阶级的各个人借以实现其共同利益的形式，是该时代的整个市民社会获得集中表现的形式，所以可以得出结论：一切共同的规章都是以国家为中介的，都获得了政治形式。"[①] 这就是说，法产生于市民社会的规章通过国家获得了政治形式。表面上看来，法是由国家制定和认可的，而法所反映的实际上是市民社会的要求和意志。从马克思、恩格斯对市民社会与法的关系的论述中，我们可以看出，市民社会是实现法治的社会文化基础。

首先，市民社会是实现现代法治最初始的根源。市民社会是由各种利益集团以一定的形式构成的，当这些在经济和其他领域中成长起来的利益集团发展到一定程度时，便会以各种不同的方式要求在政治上、法律上表达他们的意志。这种要求不仅是民主政治的强大动力，也是实现现代法治最初始的根源。

其次，法治社会的"良法"，是由市民社会构建起来的。法律是人类共同创造的文明成果。法治社会的法律一方面是市民社会各利益集团以及市民代表在社会资源分配中达成的协议，另一方面是将运行在市民社会中的规则通过立法机关赋予法律形式予以认可。如果一个国家的法律不能反映有效运行在实际生活中构成社会秩序的社会规则、规章，如果一个国家的法律只是反映少数人的需求，那么，这样的法律就不能带来社会的普遍遵守，只能靠国家机器的强制力来维持。

最后，法律的普遍遵守必须以市民社会为基础。法律受到尊重并得到社会的普遍遵守是法治社会的一条基本要求。法律在其创制的时候应该广泛地体现市民社会各利益集团的

---

① 中共中央马克思恩格斯列宁斯大林著作编译局. 马克思恩格斯选集1 [M]. 北京：人民出版社，2012.09.

意志，法律一旦形成，它就被赋予了国家的政治形式，具有某种强制性。但这并不意味着国家就可以肆无忌惮地以强制的方式推行法律，法治秩序的构建应以市民社会普遍自觉地遵守法律为基础。反之，如果我们硬性地依赖国家的强制力构建社会法律秩序，将容易成为"法律专制"或"法律独裁"滋生的温床。[1]

2. 市民社会权利保护与法律程序的理性化

有西方学者指出，欧洲人的习惯两次演化为理性的法律制度——罗马法和普通法。[2]但是他们忽略了欧洲法律发展都离不开市民社会历史演进这一极为重要的历史事实。市民社会与政治国家的二元分离的法治价值在于它不仅使得市民社会成员真正成为具有独立自主精神的社会主体，而且可以有效地以法定权利抵御政治权力的不当干涉[3]，中世纪后期开始的市民社会自主化和权利保护运动，有力地推进了西方法律程序的理性化。由于英国的诉讼程序和证据法是简朴而非理性的，"人们把获得强有力和迅速的救济希望寄托于皇室法院"[4]，这就促进了程序优先于权利的令状制度和统一的普通法的形成。渐渐地，"在同专制王权的斗争中，普通法成为议会政党手中的强大武器，因为普通法在长期的历史发展中形成了某种韧性，它的烦琐的和形式主义的技术，使得它能够顽强地抵制住上级的进攻。自那时起，英国人便把普通法看作基本自由的保障，用它保护公民的权利，对抗专制权力的肆虐"[5]，普通法遂成为理性的体现。随着普通法对衡平法的胜利，普通法律师与商人联盟展开了限制王权特权，保护贸易、财产及自由权利的司法改革斗争，"建立新刑事诉讼程序的道路打通了"，"传闻证据否定法"作为一项制度也"成为一种新的、合理的法庭诉讼程序基础"。[6]1688年光荣革命后，英国对其法律又进行了重大改革，私法得到快速发展，种种诉讼程序得到革新、重申和保护，满足了当时市民社会权利平等保护和社会安全与秩序对法律程序理性化的需要。[7]

欧洲大陆国家法律程序的理性化是与罗马法的复兴紧密联系在一起的。为保护市民平等权利，首先在城市开始了废除决斗等非理性的取证手段，确立理性法和建立一种特殊的城市诉讼程序的运动。[8]接着，教会法也开始强调理性和良心，禁止教士参与求助于神意

---

[1] 王仁高，杨波. 市民社会的培育是实现法治的基础 [J]. 莱阳农学院学报（社会科学版），2001，（第2期）：44-46.

[2] [英] S. F. C. 密尔松；李显冬译. 普通法的历史基础 [M]. 北京：中国大百科全书出版社，1999. 11.

[3] 秦国荣. 市民社会与法的内在逻辑：马克思的思想及其时代意义 [M]. 社会科学文献出版社，2006.

[4] [日] 大木雅夫；范愉译. 比较法 [M]. 北京：法律出版社，2006. 12.

[5] [德] 茨威格特，[德] 克茨；潘汉典等译. 比较法总论 [M]. 北京：中国法制出版社，2017. 02.

[6] [美] 迈克尔·E. 泰格；纪琨译. 法律与资本主义兴起 [M]. 上海：上海辞书出版社，2014. 09.

[7] 马长山. 国家、市民社会与法治 [M]. 北京：商务印书馆，2002. 02.

[8] [德] 马克斯·韦伯；阎克文译. 经济与社会 第1卷 [M]. 上海：上海人民出版社，2019. 10.

裁判或上帝判决的诉讼程序。这样，一种新的、较合理的书面诉讼程序，在欧洲大陆各国逐渐被采用。在此后的罗马法复兴过程中，欧洲大陆最终接受了被视为"成文的理性"的罗马法，这样，"已经被认可的罗马法发展成了获得解放的市民社会的法律"。[1] 正是"由世俗和宗教两方面都进行的诉讼的双重合理化，蔓延到整个西方的世界"[2]，法律规则的至上性和市民社会的普遍规则秩序观念得以逐步确立。经过17—18世纪资产阶级革命及欧陆的法典编纂活动，最终形成了资本主义法律原则和制度，把权利和权力、权利和义务都纳入法律有效规制的框架之中，从而推动了近代法律秩序的建立。[3]

3. 市民社会精神的张扬与法律形式化运动

"法律的形式化并非仅限于法律外部的形式主义，而是立法、司法过程所体现出来的法律至上、司法独立、理性规则体系及司法程序性等的系统化要求。"从根本上说，西方近代法律形式化运动正是"源于市民社会精神的涌动并融入近代法律体系的形成与发展之中的独特进程"，[4] 并与市民社会公共领域的兴起有非常密切的联系。

按照哈贝马斯的观点，市民社会公共领域是与市民社会私人领域相分立，而与公共权力领域相对抗的公众舆论领域。在这里，公众通过对公共事务进行自由开放的讨论与论辩，形成公众舆论并进行理性批判，从而为公共权力提供合法性基础。18世纪初，具有政治功能的公共领域率先在英国出现，成为"私人聚集以迫使公共权力在公众舆论面前获得合法化的场所"。[5] 正是基于此，自由理性的市民社会精神"不仅获得了理性、人权、社会契约、法治等为核心内容的成熟的自然法理论形态，而且从边缘走进中心而赋有了新的表现形式、功能和载体，获得了更加经常、更加有力、更加自觉的批判精神和社会导向地位"。[6] 英国市民社会公共领域的出现成为现代舆论的先锋并开始影响和进入议会，以至于"国王再也不能绕过议会，也不得不在议会里争取一批坚定的追随者"。[7] 从而推动英国在习惯法框架内完成司法组织、诉讼程序及实体法的改革。18世纪中叶，法国的市民社会公共领域也开始出现，平等、自由、人权与启蒙思想得到了广泛传播。陈情书方式的公众参与导致了三级会议的召开，并通过法国革命"在一夜间就创造出英国经过一个多世纪

---

[1] [德] 哈贝马斯；曹卫东译. 公共领域的结构转型 [M]. 上海：学林出版社，1999.01.
[2] [德] 马克斯·韦伯；阎克文译. 经济与社会 第1卷 [M]. 上海：上海人民出版社，2019.10.
[3] 马长山. 国家、市民社会与法治 [M]. 北京：商务印书馆，2002.02.
[4] 马长山. 国家、市民社会与法治 [M]. 北京：商务印书馆，2002.02.
[5] [德] 哈贝马斯；曹卫东译. 公共领域的结构转型 [M]. 上海：学林出版社，1999.01.
[6] 马长山. 国家、市民社会与法治 [M]. 北京：商务印书馆，2002.02.
[7] [德] 哈贝马斯；曹卫东译. 公共领域的结构转型 [M]. 上海：学林出版社，1999.01.

的缓慢演进所取得的成果"。① 法德等大陆国家市民社会公共领域的勃兴,有力地推动了欧洲大陆资本主义法律制度的确立和法典编纂运动,他们"试图为社会领域建立的'法律'除了普遍性和抽象性的形式标准之外,还要求自身具有合理性这一客观标准"。法、德、奥等国家《民法典》的产生,"不仅代表了市民社会的利益,而且动用了市民社会的特殊媒体:它们都经历了由私人组成的公众的反复公开批判。通过有奖征文和问卷调查,公众舆论对法典的制定做出了贡献,甚至在没有议会机构的地方或议会机构不起作用的地方,如拿破仑统治下的法国,基本上也是如此"②。显然,自由理性的市民社会精神以至上性的自然法为理论表现,凭借公共领域而注入法律体系之中,成为西方法律形式化运动的重要驱动力。③

4. 市民社会理性规则秩序的确立与法治

市民社会是一种以利益、权利和契约为纽带的自治社会,自由自主、理性自律的"经济人"是其首要的基础。市民社会会自发生成一种理性秩序,它不仅能够建立人人共同遵守的契约性规则,而且还会导致法治的必然产生。古雅典的"人民大会"、古罗马的"公民大会"等市民社会组织不仅自己形成了自治的职能,而且还发明了自己的审判形式和其他治理方式。在罗马共和国时代,作为市民社会的平民会议和保民官给予贵族统治者的压力是如此之大,很多被后来的思想家视为社会契约的法律规则都是那个时候形成的。欧洲中世纪的"城市公社"与它们所处的国家中的政治权威形成了相对独立的关系,并且发展了符合自由经济发展的理性化的规则,这些规则成为资本主义法治的重要基础。

显然,市民社会可以通过广泛互动交往来创制市民社会游戏规则,亦可以沿着民主路线来重新界定和创制公共政治游戏规则,市民社会的理性规则秩序实乃法治秩序之根本。现代西方国家中的市民社会组织在维护法治传统方面也扮演着重要角色。一个社团有自己的章程和活动规则,一个人参加了某个社团,就自愿地受到自己组织的章程和规则的约束。当然,他还可以是不同的社会团体的成员,如果他参加多个团体,他的不同角色已经将他置于多种规则之下。在美国,80%的公民参加不同的社会团体,这个领域的工作人员占美国劳动力总数的5%~6%,它们的财政约占美国国民生产总值的8%。④ 作为政治权威之外的独立的力量,市民社会组织也是制约政府权力,参与国家甚至国际政治经济事务的生力军。在市民社会比较发达的国家里,传统意义上的国家法律和市民社会组织的内部规

---

① [德] 哈贝马斯;曹卫东译. 公共领域的结构转型 [M]. 上海:学林出版社,1999.01.
② [德] 哈贝马斯;曹卫东译. 公共领域的结构转型 [M]. 上海:学林出版社,1999.01.
③ 马长山. 国家、市民社会与法治 [M]. 北京:商务印书馆,2002.02.
④ 何增科. 公民社会与第3部门 [M]. 北京:社会科学文献出版社,2000.08.

则相结合，政府依法行政和强有力的社会监督相结合，成为维护法治的建设性力量。[1]

5. 市民社会理论的兴起与法理学更新

近年来，法理学界十分活跃，法理学更新和法学现代化的呼声愈来愈高，权利本位、契约自由、私法优位等的倡导、确认和弘扬极大地推动着法理学"脱幼"[2]和更新。但是，毋庸讳言，我国法理学的本土主义和仅就法学来研究法学的"本本主义"仍很浓重，法理学"脱幼"的任务仍然很艰巨。法理学更新和法学现代化是个庞大的系统工程的构筑，尤其需要法学研究既要立足法学领域，又要走出法学领域，从哲学、政治学、经济学、人类学、社会学、伦理学、文化学、史学等更高更宽的多维理论视野，并对法治实践致以深切关怀来深入研究。市民社会理论的兴起及其在法学研究领域的导入，就是这样一种新的努力和尝试，它无疑会大大推进法理学更新和法学现代化进程。[3]

市民社会理论自20世纪80年代以来再度流行，并成为当代世界一股重要的社会思潮，它反映了80年代以来世界各国国家和社会关系的深刻变化及理论诉求。这一思潮不仅对政治学、哲学、经济学和社会学界产生了重要影响，法学界也深为其所吸引。运用这一理论进行法学问题尤其是法治研究，已成为一个颇为引人注目的动向。首先，市民社会理论是马克思主义法律观得以确立的重要基石。马克思正是从其市民社会理论走向唯物史观的，是从市民社会中去寻找理解人类发展进程的锁钥的，[4] 市民社会理论也奠定了马克思主义法律观的基础。其次，把法学研究和法学现代化纳入市民社会理论视野，是社会客观现实的需要。按照马克思市民社会理论，市民社会与政治国家并列存在是现代国家的基本特征，只要有私有制和社会分工的存在，市民社会与政治国家的分离及其矛盾关系就不会消失。改革开放以来，我们放弃了"冒进"路线和通过"一大二公"来消灭市民社会的企图，政府不断地简政放权，国家权力与社会权利的关系逐步得到理顺，民间组织大量涌现，社会利益日益多元化，一个真正的市民社会正在出现。随着我国市民社会与政治国家有机互动的二元社会结构的初步形成，市场经济的进一步发展也有了必要的基础，随之而来的便是市民社会和市场经济对法律的强烈需求。作为人们行为和社会活动基本规则的法律，在建立法治国家的历史进程中，就必须扎根于这一基础和现实，必须反映这种二元社会结构基础上的复杂多变的利益关系和需要。最后，市民社会理论能为法学提供有效的分析工具和系统而丰富的理论基础。我国法学幼稚的突出表现，就是以阶级分析为轴心的

---

[1] 信春鹰，张烨. 全球化结社革命与社团立法 [J]. 法学研究，1998，(第3期)：110-121.
[2] 李步云. 法理学 [M]. 北京：经济科学出版社，2000.12.
[3] 马长山. 国家、市民社会与法治 [M]. 北京：商务印书馆，2002.02.
[4] 马克思，恩格斯. 马克思恩格斯全集16 [M]. 北京：人民出版社，1965.10.01.

单一线性的理论模式。市民社会理论以国家和市民社会的相互关系为轴心，确立起历史的和分析的范畴。它不仅包括阶级分析，还确立了系统而深刻的利益分析、哲学分析、政治分析、历史分析和社会分析，从而架起了法学与相关学科的有机桥梁，使法学研究能够充分运用这些相关学科的成果来丰富法学理论，提高法学理论质量，为法学更新提供更广阔、更深厚的理论基础。①

二、市民社会在中国

（一）市民社会在中国的发展及特征

自20世纪80年代末90年代初，市民社会研究开始进入我国学界视野，有学者认为，中国有着几千年的封建专制传统，市民社会对中国而言完全属于"异类"——市民社会并未光顾中国。也有学者认为，市民社会虽然诞生于欧洲，但是"凭着运气、技巧和想象力，市民社会也许会扩展到世界其他地区"。②而事实上，考察市民社会与政治国家产生的共同前提即社会出现私人利益和社会分裂为阶级，③就不难推知，市民社会并非欧洲之专利，全世界各个地方均存在着市民社会，当属情理之中。

我国的市民社会也是随着个人利益与阶级利益的形成而出现的，而且得以茁壮成长，譬如在春秋时期，当时，自由市场的倡导者们提出"藏富于民""不与民争"，倡导分权与私有化，主张自由"国际"贸易和缩小政府规模，并认为价格应由市场供求来决定。基于以上思想而进行的管仲改革曾使齐国富甲天下，④市民社会也日渐活跃。但是我国市民社会与欧洲市民社会展现了迥异的发展路径。我国市民社会自其产生时起，并非与政治国家长期相抗衡，而是长期地被政治国家所吞噬。正因如此，我国在历史上虽然创造了辉煌的文明，却遭受了长时期的"停滞"。直到近代列强入侵，国门被迫打开时，当局才考虑"改革政体""还政于民"，以使市民社会与政治国家得以分离并互动发展。但是这个进程是非常缓慢的，加之军阀的连年混战，市民社会并未得到长足的发展。

中华人民共和国成立后，"空气"为之一新。但在"斯大林模式"下，高度集中的国家获得了对于社会资源的全面控制，产品经济盛行，市民社会再次被政治国家所吞噬。但

---

① 马长山. 国家、市民社会与法治 [M]. 北京：商务印书馆，2002. 02.
② 何增科. 公民社会与第3部门 [M]. 北京：社会科学文献出版社，2000. 08.
③ 马长山. 市民社会与政治国家：法治的基础和界限 [J]. 法学研究，2001，（第3期）：19-41.
④ [马来西亚] 冯久玲，北京大学《亚洲的新路》编译组译. 亚洲的新路：与世界同步前进，国家、企业、个人要掌握的新出路 [M]. 北京：经济日报出版社，1998. 10.

是自20世纪70年代末以来所推行的改革开放政策，已使我国发生了巨大的变化。伴随着经济、政治领域改革的深化和拓展，社会自治领域日益壮大，长期形成的国家社会高度统一的模式正趋于解体。其明显的表现是：国家的社会控制幅度明显收缩，国家直接控制的社会资源的相对量和绝对量都已经大大减少；国家的社会控制手段渐趋多样化，改变了以往几乎完全依靠行政命令与计划指令的状况，经济、法律等其他社会控制方式的作用越来越大；国家自身的权力结构也在进行相应调整，地方、部门、企业乃至个人占有与处置社会资源的自主权不断扩大，等等。特别是1992年以来，市场经济观念逐渐深入人心，"资本主义社会有计划，社会主义社会有市场"之思想及现实已被人们普遍接受。目前，虽然我国的市场经济体制还并不完善，但由于市场经济的内在要求是市场主体的生产、交换、消费环节摆脱国家全能式、家长式的干预，成为政治领域之外的纯经济活动，所以市场经济道路的选择，必将促使我国的政治关系和经济关系的界限日益明确起来，甚至相互分离。而事实上，这几年市场经济建设的巨大成功，正是市民阶层和国家互动的结果。我国市民社会的复兴和市民作为"本来的人""真正的人"之地位的恢复，已是不争的事实。显然，"今天我们的社会主义社会，仍然属于市民社会"，因为"市民社会的经济本质是商品生产和交换"，[①] 而我们正在大力倡导并实践着"商品生产和交换"。

"市民社会本身是市场经济发展的必然产物，也是与市场经济相伴随的城市化过程的必然产物"[②]，是构成整个现代社会的基础条件，使市场经济走向更加成熟、有序的发展轨道。"只有充分发育的市民社会才能为市场经济提供公平竞争的坚实基础。众所周知，非成熟的或初级阶段的市场经济不可避免要受到其他因素（主要是权力）的干扰，而市民社会在本质上是排斥政治权力的，非权力侵蚀的社会成员间彼此的独立和平等，是市场经济公平竞争极为有利的现成条件。"[③] 因此，市民社会的壮大所形成的社会强力必将巩固市场经济的根基，将为社会主义市场经济更好更快地发展贡献力量，为中国社会转型营造良好的社会环境。

我国的社会主义市场经济在社会性质上不同于西方国家，这就决定了我国社会主义市民社会的建构具有其自身的特征：

1. 自觉性

西方市民社会是伴随着资本主义经济的产生而自发形成的，它是以自下而上的方式来对

[①] 张俊浩，刘心稳，姚新华. 民法学原理 [M]. 北京：中国政法大学出版社，1991. 10.

[②] 杨巧蓉. 市民社会理论：透析当代中国社会转型的新视角 [J]. 人大复印报刊资料（哲学原理），2012，（第7期）：86-92.

[③] 戚珩. 关于"市民社会"若干问题的思考 [J]. 天津社会科学，1993，（第5期）：59-63，69.

资本主义的发展进程发生作用的。而我国的市民社会是在人们充分认识到它对我们发展社会主义初级阶段生产力具有重大促进作用,并在社会主义国家指导的前提下自觉提出,这种自上而下培育起来的市民社会就克服和避免了资本主义制度下市民社会的缺陷和不足。

2. 非对抗性

社会主义的市民社会与国家的社会主义性质表明,我们现存的"政治国家"和"市民社会"不仅可以充分地发挥其各自的积极职能,而且能够消除二者在资本主义制度下必然存在的那种对抗性。一方面,社会主义国家的政治和法律制度能够有效地调整政府与企业、各级社会组织及人民团体之间的关系,使其能够最大限度地保证社会成员的自由、民主和平等权利;另一方面,随着市民社会发展的逐渐成熟,整个社会的自主和自治程度也将随之提高,这样市民社会更能有效地调整社会成员之间的关系,使其在国家政治和法律制度的范围内,个人利益与他人、集体和社会的利益能够在越来越大的程度上趋向和谐,达到统一。

3. 终结性

市民社会是伴随资本主义经济的发展而产生,并最终是通过资产阶级革命的方式来完成的。作为资本主义市场经济的社会组织基础,它的存在与发展推动了社会现代化的进程。我国的市民社会扬弃了西方市民社会之弊端,因而它的积极作用也将在最大限度上和最大范围内得到充分的体现。与此同时,它也将随着自己的日益成熟而成为政治国家走向消亡的催化剂,而且作为政治国家的对立物,它亦将随着政治国家退出历史舞台而终结其作用,成为不复存在的东西。当然,这种消亡是在社会主义的高级阶段——共产主义社会才能实现的。

(二) 社会主义市场经济和中国特色的市民社会

在中国,市场经济体制的确立及其发展,为市民社会的建构提供了非常有利的条件。首先,对市场经济自身而言,就蕴含着社会自立的逻辑。其次,我们可以进一步看到,契约性规则的发展乃至成熟为市场经济的发展提供了必要条件。毋庸置疑,通过"嫁接"与"自生"这一过程,中国市民社会话语得以建构,但有两个问题:一是如何将"市民社会"这一源于西方历史经验的强势话语及其所确立的基本理念实现"本土化";二是市民社会作为一种社会发展的必然逻辑,它应该怎样做到自我发现和自我正名。"但无论如何,有关中国社会的任何市民社会理论探讨及其现实运动都不再能够脱离中国现行社会主义市场经济这一话语背景。否则单从方法论上可以断言任何'接近'都是虚无的理论自演,对于中国当下社会的发展和自我理解没有任何积极意义。"①

实际上，随着改革开放，国家从计划经济向社会主义市场经济转变，这期间中国社会的自足发展也相应发生了本质性的变化。伴随着典型的"国家全能主义"单一身份的迅速瓦解，这一转向导致了社会在经济活动中自主活动空间大为扩展，社会自身也在积极地悄然启蒙，社会开始注意到自身在国家和个人之间的独特张力，开始自觉尝试自身对于国家的积极帮助和自身功能的独立发挥。中国的市民社会，正是在这种政治气氛和环境下逐步成长起来的。作为一种经济、社会现象，市民社会产生于市场经济的土壤中。市场经济在中国社会结构转化过程中成为重要的推动力，新的观念和思想的产生以承认个人的自由和法权为基础。在中国，"市场"确实成为"国家与社会"良性互动的重要中介。正是在这种社会主义市场的良性互动中，相对于社会主义特殊国家形态的中国市民社会也有自身的内在特点，因为中国国家形态的社会主义性质与中国市民社会本身二者之间具有某种天然的"通约性"。这种内在的一致性使中国社会的市民社会本身也具有国家天然所遵循的理性法则的逻辑特点，因而中国社会主义市场经济条件下的市民社会可以被看作是现实性维度上并非必然和国家相对立意义上的"有节制的或者是温和的市民社会"，其最根本的特点就是某种程度上的与社会主义国家的天然兼容，这是由我国市场经济的社会主义性质决定的。因为我们不是完全意义上的自由市场经济，所以与此对应的我国市民社会也不可能是完全西方意义上的市民社会，这从其发生学上可以获得更加充分的理解。

同样，在我国市场经济发展中，个人特殊利益与国家普遍利益是同时存在的，如何调整二者的矛盾和冲突是我们面临的一个重要问题。事实证明，由"市民社会"来协调两者之间的矛盾，维护社会公平，保障社会经济生活的进行是最有效的办法。在我国市场经济发展中，市民社会与个人和国家之间的相互依存是必然的，它不仅以其特殊的方式维护着个人的利益和权利，而且对建构我国市场经济条件下政府职能的新模式有着重要的意义。这种市场和市民社会二者在国家和个人关系中的积极博弈对于确立国家与社会和国家与市场间的"良性结构性安排以及这种安排的制度化"是非常有意义的，即可以在国家进行宏观调控或必要干预与社会自主化进程（或称为以市场经济为基础的市民社会的建构进程）间确立制度化的关系模式和明确的疆域。市民社会与市场及个人自由天然地结合在一起，而国家与政府本质上是一体的。因此，如何处理好国家与个人利益的关系，实质上就是如何建构全球化背景下的国家路径问题，而这个问题就自然地和我国目前正在进行的全面改

---

① 曹鹏飞，张艳萍. 论中国社会主义市场经济与市民社会 [J]. 宝鸡文理学院学报（社会科学版），2004，（第2期）：1-6+15.

革潮流一致起来。

市民社会理论在其"移植"的过程中，必然存在着"本土化"的问题，因为中国市民社会的觉醒和发生有着自己特殊的历史背景。中国所实行的社会主义市场经济不同于西方意义上的自由市场经济，其性质是社会主义的，这就决定了它必然有着自身的特点，因为从发生学上来看其存在的土壤是"中国式的"。

首先，中国社会的特殊发展历史决定了规范意义上的中国市民社会的自我建构和发展面临着巨大的困难。在历史上，中国社会的最大特征之一就是中央高度集权的专制政体。这种政治体制的模式及其社会经济和文化根基对于重新确立国家与社会之间新型关系是一种严重的障碍。尽管改革开放以来这种状况得以改观，但不可能在短时间内形成根本性的变化，要变中国人现有的"草民心态"为"公民意识"必须有一个过程，因此，一个规范而又合理的市民社会不可能在近期得到实现。

其次，相比而言，中国市民社会的发展具有后发性优势。西方国家有关市民社会的各种宏大叙事以及话语理论都将直接对我国市民社会的理论发展产生积极影响，西方市民社会现实的蓬勃发展更是可以为后发的中国市民社会提供活性标本式的丰富资源，这些都将对加速中国市民社会的发蒙和发展产生重要意义。

最后，在国家与市民社会的结构性关系问题上，中国市民社会与国家二者之间具有很强的兼容性和一致性。因为我们实行社会主义，这在逻辑上就优先肯定了社会在国家框架中的优越地位，而这恰恰就从发生学上部分化解了国家与社会的二元对峙和冲突，这样就为国家和社会各自的发展节约了很大的成本，走出了西方式的"社会先于国家"或"国家高于社会"的"市民社会对抗国家"的模式，而主张市民社会与国家二者之间的"良性互动说"。

第二节　经济法的经济基础

一、市场经济：经济法的经济基础

（一）市场经济及其特点

所谓市场经济，就是指以市场作为资源配置的基础和主要手段的经济运行方式。应该注意的是，这里的资源主要是指"用来生产能满足人们需求的东西或劳务"[①]，它不仅包括天然资源，还包括人力资源、资本资源，等等。具体而言，在市场经济体系下，整个社会经济的运行以市场为中心，生产、流通、分配和消费四个过程都以市场为导向；社会资源与生产要素通过市场竞争来配置，市场决定它们的配置流向，并依靠市场供求力量形成均衡价格；价值规律及其实行机制（即市场机制）是调节经济运行的主要机制。市场经济具有以下特点：

1. 资源配置的市场化

资源是社会经济活动中人力、物力和财力等要素的总和，是社会经济的发展基础。相对于人的欲望而言，资源总是稀缺的。所以，通过一定的方式将有限的资源合理配置到社会的各个领域，以实现资源的最佳利用，非常重要。市场经济和计划经济的根本区别在于资源配置的方式不同，市场经济社会的资源配置主要是通过市场机制完成的，计划经济社会的资源配置方式主要是通过行政命令的方式完成的。在市场经济社会，各种资源在经济运行中都直接或间接地进入市场，由市场供求形成价格，进而实现资源在各个部门和企业之间的流动，资源得以合理配置。

2. 企业的自主性

在市场经济下，作为市场主体的企业既是明确的产权主体，又是独立的经营主体和责任主体，是一个独立的商品生产者和经营者。在美国，自由企业制度为其市场经济体制之基石。企业作为市场经济的独立主体，拥有相当完整和充分的权利，经营什么、生产多少、如何经营等微观决策往往都是由企业自主决定的。显然，企业的自主性是市场经济的重中之重，是市场经济的起点和动力源泉。

3. 市场的竞争性

市场经济社会经济运行的基础是市场竞争，竞争是企业发展的原动力，市场主体为实现其自身利益的最大化，互相之间进行经常性的竞争是必然的。市场竞争对企业形成经常的动力和无情的压力，优胜劣汰成为常态。但是，市场竞争的有效性和公平性非常重要，为了维护市场竞争的有序性和公平性，政府往往会完善相关法律机制，创造出适宜的竞争环境，为企业提供公平竞争的机会。

4. 企业的营利性

市场主体的生产经营活动并不是为了自己消费，而是为了盈利，为了将其所获利润分

---

① [美] 曼斯费尔德；黄险峰译. 微观经济学：第9版 [M]. 北京：中国人民大学出版社, 1999.

配于其投资者，资源的配置首先考虑的是经济效益，投资决策也受利益左右，这是企业的本质使然。企业家并非慈善家，办企业就是为了盈利，为了赚钱，企业要靠自身经营才能发展，才能养活员工，才能创造更多就业岗位和社会价值。

5. 市场的开放性

市场经济具有较强大的扩张力，它可以突破部门和区域的界限，向更广阔的部门延伸，从而把国内市场和国际市场融为一体。

市场经济社会经济活动的国际化不仅体现在商品和服务贸易、资金流动、技术转让等方面，还表现为一系列被广泛认可和参与的市场法规和国际规则，正是这些规则和惯例使一国经济与世界经济能自由地对接与交流，国际大循环随即自然形成。

6. 市场机制的局限性

市场经济的缺陷非常明显，即使市场机制能够发挥其固有的功能，但还是受到市场失灵的限制。譬如，在市场经济社会，个人和企业往往会为了自身利益而努力，但对社会公共投资并不积极；即使个人和企业为了防止公害而努力，但因外部性问题的存在而难以妥善解决公害问题等。

而且，市场机制无法解决分配不公等问题，无法反映未来需求，难以解决未来的不确定性，市场机制的局限性不言而喻。

（二）市民社会与市场经济的关系

1. 市民社会与市场经济密不可分

纵观市民社会及其理论，我们不难得出两个基本点：第一，市民社会市民之经济成分是商品生产者，市民社会的经济本质为商品生产和交换。所以称市民社会为商品社会、市场经济社会并不为过。其实，马克思早已认识到了这一点，他说："在生产、交换和消费发展的一定阶段上，就会有一定的社会制度、一定的家庭、等级或阶级组织，一句话，就会有一定的市民社会。"[①] 市民社会 "始终标志着直接从生产和交换中发展起来的社会组织"。[②] 市民作为商品生产者不是为了消费而生产，而是为了交换而生产，因而商品交换成了市民之间的纽带。商品按照其 "价值尺度在权利平等的商品所有者之间自由交换……是现代市民社会全部政治的、法律的和哲学的意识形态建立于其上的现实基础"[③]。第二，

[①] 中共中央马克思恩格斯列宁斯大林著作编译局. 马克思恩格斯选集 4 [M]. 北京：人民出版社，2012.09.
[②] 中共中央马克思恩格斯列宁斯大林著作编译局. 马克思恩格斯选集 1 [M]. 北京：人民出版社，2012.09.
[③] 中共中央马克思恩格斯列宁斯大林著作编译局. 马克思恩格斯选集 1 [M]. 北京：人民出版社，2012.09.

市民社会与民商法密不可分,"民法准则只是以法律形式表现了(市民)社会的经济生活条件"①。市民社会之市民倡导、张扬、依赖、信守的民法理念包括:①身份平等。身份平等是商品生产和交换的首要条件,而市民恰好是天生的平等派,自由平等原则已成为其"成见"。②权利神圣。完整的人格权和界限确定的私有财产权特别是所有权,是市民安身立命的根本,是市场交换的前提。③意思自治。市民"与谁交换""如何交换",完全取决于其自己的真实意愿、利用契约为之,他人无权干涉。由具有"私人任性"之契约构筑的市场,为市民社会经济之表现。

"从历史上看,近代市民社会就是在市场经济的驱使下,沿着逐步摆脱国家权力中心,求得经济发展的自由,进而实现城市自治的道路建立起来的"②。也就是说,最初市民社会和市场经济是一体的。黑格尔认为,"市民社会并不是存在于一切历史时期,而是只存在于市场经济社会之中。只有在市场经济社会之中,个人才摆脱了自然纽带的束缚而作为独立的个人存在,他们才因相互需要的交换关系而联结为一个社会"③。如果将市民社会定义为"需要的体系",市场交换关系将会支配这一体系。马克思认为,经济关系很大程度上可以理解为市民社会,他说,"市民社会这一名称始终标志着直接从生产和交换中发展起来的社会组织"④,"私人的经济生活须从国家政治的全面行政干预中摆脱出来,成为自主的社会活动"⑤。其实,早期资产阶级思想家们坚持独立的经济交换领域,从而形成独立于政治国家的私人领域,最终得到市民社会这一私人自主领域。"正是由于市场交换体系的形成,才使独立于政治国家的私人领域形成了一个因商品交换关系而联结起来的整体,才使市民社会成为独立于政治国家的私人自主领域。"⑥ 可见,市场经济对于市民社会的发展起着极其重要的推动作用。

2. 市场经济离不开市民社会

毫无疑问,市民社会与市场经济密不可分,它们是一对孪生兄弟。没有发达的市场经济,就不会有成熟的市民社会;没有成熟的市民社会,也不会有发达的市场经济。第一,市场经济社会离不开独立的商品生产者,更离不开商品的生产和交换;而市民社会的本质是商品的生产和交换,构成其基础的市民正是商品生产者。第二,在市场经济体制下,产权独立,契约自由,分散决策,自己承担责任,并追求经济利益和物质刺激。而市民社会

---

① 中共中央马克思恩格斯列宁斯大林著作编译局. 马克思恩格斯选集 4 [M]. 北京:人民出版社,2012.09.
② 蔡拓. 市场经济与市民社会 [J]. 天津社会科学,1997(3):8.
③ 王新生. 黑格尔市民社会理论评析 [J]. 哲学研究,2003(12):6.
④ 中共中央马克思恩格斯列宁斯大林著作编译局. 马克思恩格斯选集 1 [M]. 北京:人民出版社,2012.09.
⑤ 焦文峰. 论我国国家与社会的关系 [J]. 江苏社会科学,1995(4):5.
⑥ 陈晏清、王新生. 市民社会观念的当代演变及其意义 [J]. 南开学报(哲学社会科学版),2001.

之市民均是独立的自身利益的最佳判断者，为了实现自身利益，他们必然要进行商品交换。而且，市民的交往和商品交换是以契约的形式实现的，而契约是以意思自治为原则的。第三，市场经济产生的基础是社会分工和专业化协作。正是由于近代以来生产力的迅速发展，推动了社会分工和专业化协作的进程，商品生产和商品交换才获得了普遍、迅猛的发展，市场经济才得以产生。而社会分工和专业化协作源于市民社会市民之本性使然。市民社会之市民都是理性人，熟悉自己的情况和周边的环境，知道自己应该干什么不应该干什么。而且，市民社会之市民虽为"利己人"，但他也深知只有借助于他人，才能实现自己的福利。所以，社会分工和专业化协作是市民社会的常态。第四，市场经济产生的根本原因是个人劳动与社会劳动的矛盾。处于社会分工体系中的劳动者的个人劳动本来都具有一定的社会性，即他们所生产的不是为自身消费的使用价值，而是为社会、为他人消费的使用价值。但是，如果他生产的产品的质和量不符合社会需求，则他的个人劳动不能直接等同于社会劳动。个人劳动要转化为社会劳动，就必须通过交换并借助于价值形式和市场机制来实现，即劳动产品必须转化为商品，"生产、交换、商品、市场"等则是市民社会的本来面目。

3. 市民社会离不开市场经济

第一，市场经济造就了市民社会的主体。市民社会形成的一个重要标志，就是大量的个人和组织摆脱了政治权力的束缚，成为非政治的市民社会主体。欧洲近代资本主义市场经济的发展，在不断增强市民社会主体的力量方面发挥了极为重要的作用。第二，市场经济塑造了市民社会的意识形态。世俗化和个体化是市民社会意识形态最重要的两个特征。而市场经济的发展，使外在世界对于人的神秘感越来越少，人们越来越脱离政治国家意识形态的控制。同时，个人不断挣破原有制度下的各种禁锢性的规范，努力在生活中体现个人的意志。第三，市场经济塑造了市民社会的自治体制。市场经济表面上看似一盘散沙，但在其背后有着其内在的调节机制。与市场经济成为双生子的市民社会，是一个非政治的公共领域，表现为各种社会组织，也即黑格尔所说的社团，市场经济的发展促进了这些组织的发展，同时，这些组织反过来也会对市场经济起着某种矫正作用。而这些社会组织正是市民社会进行自治的主要根基。第四，市场经济拓展了市民社会的活动空间。在政治国家和社会高度一体化的国度中，人们的社会生活直接是政治生活，市场经济的发展让人们冲破政治的藩篱，出现了自由的个人空间。第五，市场经济促进了市民社会法律理念和制度的形成。市场经济是以对私有财产权的尊重以及契约和交换为基础的经济形态，在此基础上形成了市民社会的法律理念，如平等、自由、私有财产不可侵犯等。同时，在此理念基础上形成的近代欧洲法律制度，同样也离不开市场经济这一根基。

(三) 现代市场经济：经济法的经济基础

现代市场经济，是指以现代生产力（电子化、信息化）为基础，以生产资料的集团化、社会化、国家化为特征，国家会适时干预的市场经济。在现代市场经济中，市场机制依然是资源配置的基础，换句话说，在现代市场经济社会，市场在资源配置中起着决定性的作用。"市场调节"和"政府调节"都非常重要，经济运行遵循市场自身的客观规律，政府调节基于市场调节基础上，以弥补"市场失灵"。也就是说，现代市场经济社会的政府调节不是否定市场机制而是承认市场的重要性及其功能的。当然，现代市场经济也不会是从天上掉下来的，而是从古典市场经济发展来的。

古典市场经济，是指以古典生产力（大机器）为基础，以单个厂商占有生产资料为特征，政府充当"守夜人"角色的市场经济。古典市场经济的典型形式是资本主义自由竞争时期的市场经济。资本主义自由竞争时期，政府充分尊重市场主体的权利和自由，国家坚信，市场通过自发调节即可以达到社会资源分配最优化。正如亚当·斯密（Adam Smith）所言，每个行为人在自身利益的驱动下的自由选择会形成一种自然秩序，市场机制作为一个自由体系具有自发实现人类经济生活平衡的功能，市场这只"看不见的手"会促使每个人去实现并非属于他原来意图的目标，使市场资源配置达到最优状态。

但是，这种理想化的"帕累托最优"状态在现实中是不存在的。事实证明，缺乏政府调节和法律规制的市场是难以有效运行的。在市场中，各主体相互交易发生联系以追求各自的私利，主体为了追求利益，往往有不符合自然法价值、侵犯他人利益的行为，对于这些违反市场竞争秩序的行为，需要法律的规制和政府的调节，否则，市场将进入无序的状态。而且，在商品经济十分发达的现代市场，垄断现象几乎无处不在。垄断易导致恶性竞争出现，中小企业要么无法进入市场与垄断企业竞争，要么为了与垄断企业抗衡，降低生产成本而生产伪劣商品。并且垄断导致的恶果最终由消费者买单，消费者接受垄断企业高于边际成本的价格，或接受其他企业的伪劣商品。显然，在市场经济社会，"市场失灵"现象的出现实属必然。

"市场失灵"的出现给国家干预提供了契机。国家干预将在以下四方面发挥重要作用：第一，维护竞争秩序。国家通过经济立法来规范各类经济主体的行为，限制各种非正当经济行为，恢复并维护公平竞争的市场秩序。第二，提供公共服务。地质矿产、道路桥梁、文化设施、公共卫生以及学校教育等，对一个国家或社会而言，都是十分重要的。然而这些"公共产品"投资数额大、建设周期长，只有国家提供这些公共服务才合适，也只有国家更具备提供公共产品的能力。第三，参与经济活动。直接参与经济活动，是国家或政府调节经济的一种重要形式。譬如创办国有企业,特别是通过直接投资方式创建集体或个体无力或不愿创办而又是国民经济必需的大型企业,如投资于基础设施、原材料、能源、交通等产业,以消除制约经济发展的因素,促使产业结构合理化,经济协调发展。第四,影响收入分配。市场经济本身解决不了收入不均的问题,而国家在此方面恰好能弥补市场机制之不足。国家可以通过提高就业率,征收累进的个人所得税和财产税等来调整社会贫困阶层收入的规模分配,消除导致收入分配不公平的经济条件,解决生产要素价格扭曲的问题。

然而,政府的能力也是有限的,政府是由人组成的,人的理性是有限的,政府的能力当然也是有限的,它显然做不到事事精通、无所不能。所以"政府失灵"就成了必然。随着"市场失灵"和"政府失灵"的出现,现代市场经济就顺理成章地成了经济法的经济基础。

二、市场经济在中国

(一) 市场经济的标准

虽然没有人会断言,某个国家是市场经济标准国,凡与之有差异者就不能算市场经济国家。但是,差异并不能证明市场经济标准不存在,因差异而否定市场经济标准存在是不正确的。市场经济作为人类历史上一种经济制度,产生于近代,繁荣于现代,与历史上的自然经济不同,也与计划经济不同,当然有其内在规定性,市场经济的内在规定性是存在于各个发展阶段不同的市场经济国家之中的共性。

根据现代经济理论对市场经济的主要概括,从国内外市场经济发展的历史和现实出发,借鉴美国、欧盟、加拿大反倾销对市场经济标准的法律规定,我们认为在对什么是市场经济国家上,有五方面特别重要,也可从中概括出五条带共性的标准:

一是生产要素市场化,即企业投入方面的生产要素如原材料价格、劳动力工资等是否为市场价格。具体指,一国政府对资源分配的控制程度,产品投入是否以市场价格支付?市场能否决定投入要素的价格?

二是经济主体自由化,即企业在产销活动中的权利与行为。具体指,企业的产出数量和价格决策有没有政府介入?企业有没有自主的经营和出口权,有没有选择管理层、分配利润和弥补亏损方面的独立的决定权,有没有协商合同条款并签订合同的自主权?企业所有制形式及国有企业改制情况如何?

三是政府行为规范化,即市场经济中的政府作用及政府与企业的关系问题。具体指,资源由政府配置还是市场配置？资源的使用和定价是市场决定还是政府决定？政府是否尊重和保护经济主体在经营方面的自主权利，是否对企业有不公平的对待？

四是贸易环境公平化，即贸易环境与条件。具体指，贸易活动（包括国际贸易和国内贸易）是自由的还是被压制的？市场基础设施和市场立法及司法是否健全？市场中介是否具有独立性？贸易政策中的企业定价是否自主？政府是如何管理出口和出口企业的？企业是否有商业活动的自由？

五是金融参数合理化，即利率和汇率这两大金融参数的形成和适用范围中的公平性，进而涉及这些参数形成基础即金融体制的合理性问题。具体指，利率和汇率是否由市场形成？本币是否可兑换或可兑换程度？利率在不同企业，内贸、外贸部门，不同产业中是否有差异？企业金融状况是否受非市场经济体制的歪曲？企业是否有向国外转移利润或资本的自由？企业换汇及存汇方式是否有自主权？[①]

（二）中国市场经济的发展

根据这些标准判断，我们可以得出结论，中国已进入市场经济社会。但是，到目前为止我国仍然没有建立完全的市场经济体制，一些重要的行业仍然由国有公司或国有控股公司垄断，还有很多国家并不承认中国完全的市场经济地位。从历史上看，我国的市场经济有着久远的渊源——早在春秋时期，就有人主张自由"国际"贸易和缩小政府规模，并认为价格应由市场供求来决定。基于以上思想而进行的管仲改革曾使齐国富甲天下。[②] 但是，我国的市场经济并没有从此走向发展、成熟的道路。晚近看，中国的市场经济之路始于1978年的改革。1978年，中国开始对计划经济体制进行改革；1992年，中国明确提出建立社会主义市场经济体制的改革目标；2002年中国共产党第16次全国代表大会向世界宣布，中国社会主义市场经济体制已初步建立。[③]

实事求是地说，改革开放以来，中国经济的市场化进程已经取得了举世瞩目的成就。首先，政府职能从服务于计划经济转向服务于市场经济，市场在资源配置中发挥了基础性作用。政府逐步从直接的大量的企业管理中退了出来，成为宏观经济和社会管理者。1994年财税、金融、外汇、投资等体制改革后，中国已建立了与市场经济相适应的宏观管理体

[①] 北京师范大学经济与资源管理研究所. 2003 中国市场经济发展报告 [M]. 北京：中国对外经济贸易出版社，2003. 02.

[②] [马来西亚] 冯久玲，北京大学《亚洲的新路》编译组译. 亚洲的新路：与世界同步前进，国家、企业、个人要掌握的新出路 [M]. 北京：经济日报出版社，1998. 10.

[③] 吕志祥，李振宇. 浅议市民社会与完全市场经济体制的建立 [J]. 甘肃理论学刊，2005（3）：3.

系。其次，多种所有制经济共同发展的格局基本形成，而且，市场体系逐步完善。金融市场从无到有并日趋完善，劳动力市场近年来发展快速，房地产市场稳步发展，技术市场、信息市场逐步形成。商品、生产要素和服务品的价格绝大多数由市场形成，利率正在市场化，以市场为基础的、有管理的浮动汇率制度有效地发挥着作用。

2020年4月，中共中央、国务院《关于构建更加完善的要素市场化配置体制机制的意见》（以下简称《要素市场化配置意见》）正式公布。《要素市场化配置意见》明确了要素市场制度建设的方向和重点改革任务，对于形成生产要素从低质低效领域向优质高效领域流动的机制，提高要素质量和配置效率，引导各类要素协同向先进生产力集聚，推动经济发展质量变革、效率变革、动力变革，加快完善社会主义市场经济体制具有重大意义。《要素市场化配置意见》的基本原则是：①市场决定，有序流动。充分发挥市场配置资源的决定性作用，畅通要素流动渠道，保障不同市场主体平等获取生产要素，推动要素配置依据市场规则、市场价格、市场竞争实现效益最大化和效率最优化。②健全制度，创新监管。更好发挥政府作用，健全要素市场运行机制，完善政府调节与监管，做到放活与管好有机结合，提升监管和服务能力，引导各类要素协同向先进生产力集聚。③问题导向，分类施策。针对市场决定要素配置范围有限、要素流动存在体制机制障碍等问题，根据不同要素属性、市场化程度差异和经济社会发展需要，分类完善要素市场化配置体制机制。④稳中求进，循序渐进。坚持安全可控，从实际出发，尊重客观规律，培育发展新型要素形态，逐步提高要素质量，因地制宜稳步推进要素市场化配置改革。

第三节　经济法的理论基础

一、经济法的经济学基础

部分学者认为，自由竞争资本主义阶段占统治地位的经济学理论是以亚当·斯密为首的自由放任主义经济学，但随着资本主义垄断阶段的到来，经济危机愈演愈烈，在"看不见的手"之外，必须依靠"看得见的手"对经济进行干预，凯恩斯（Keynes）经济学成为经济法产生的理论基础。但也有专家认为，经济法的经济学基础是多元的而不是单一的，自由主义经济学和国家干预主义经济学的经济学基础是多元的而不是单一的，自由主义经济学和国家干预主义经济学甚至马克思主义经济学都对经济法的产生起到了举足轻重的作用。①

(一) 自由主义经济学

自由主义经济学最杰出的代表人物是亚当·斯密，他在《国富论》一书中提出的"看不见的手"的理论一直稳坐古典学派的"头把交椅"。而且，自由主义经济学很快便成为各国经济政策的理论依据。亚当·斯密认为，人们在从事经济活动时，追求的是个人利益，通常并没有促进社会利益的动机，然而在各事物都听任其自然发展的社会里，这种追求个人利益的活动会促进社会的利益。他说，每个人虽未打算促进公共利益，但"由于他管理产业的方式目的在于使其生产物的价值能达到最大限度，他所盘算的也只是他自己的利益。在这种场合，像在其他许多场合一样，他受一只看不见的手的指导，去尽力达到一个并非他本意想要达到的目的。也并不因为事非出于本意，就对社会有害。他追求自己的利益，往往使他能比在真正出于本意的情况下更有效地促进社会的利益"②。在亚当·斯密看来，在完全竞争的市场条件下，市场机制的自发调节作用可以达到"帕累托最优"状态，即通过生产资料的重新组合，调整福利分配，会实现全社会福利的最大化。以马歇尔为代表的新古典经济学也认为，资本主义是一架可以自行调节的机器，只要通过市场自由竞争，充分发挥价格机制的调节作用，就能达到商品的供需平衡，不会出现生产过剩的经济危机。

虽然从表面看来，自由主义经济学说似乎认为国家应该凌驾于社会之上，对经济不起干预作用而只满足于仲裁人的角色。但实际上，自由主义经济学并不完全排斥政府调节，而是认为国家应该维持经济秩序。亚当·斯密在他的《国富论》中就指出政府应该承担三种职能：即保护国家，使其不受外国侵犯的职能；维持公正与秩序的功能；建设并维持一定的公共事业及公共设施的功能。事实上，在资本主义生产方式的全部历史中，资本主义国家一直在干预经济，区别仅在于干预的范围和程度。一些经济学家也清醒地看到了自由主义竞争时期政府调节经济的现实，所以，斥责国家仍然在一定范围内对经济实行干预为"重商主义的复活"。

由于自由主义经济学主张市场机制，主张自由竞争，又不排除国家对经济的干预，所以，一些人认为自由主义经济学是经济法的经济学基础之一，是合理的。

---

① 张世明. 经济法学理论演变研究 [M]. 中国民主法制出版社，2002.
② [英] 亚当·斯密. 国民财富的性质和原因的研究：下 [M]. 北京：商务印书馆，2017.08.

(二) 国家干预主义经济学

虽然,"看不见的手"具有神奇的功能,自由主义经济学理论在体系上也日臻完美。但是,20世纪30年代的经济危机仍然使古典学派一筹莫展,尽善尽美的"市场神话"也随之冰消瓦解。经济危机带来了一系列严重社会问题,如失业、环境污染、贫富差距扩大等,西方国家不得不关注以往从未干预的社会领域以协调自由竞争导致的社会矛盾,恢复社会稳定局面。与此同时,对市场调节可自动达到"帕累托最优"信念的动摇,孕育出以凯恩斯为代表的国家干预主义理论。凯恩斯在《就业、利息和货币通论》一书中提出了"看得见的手"的理论。[①] 他认为要解决经济危机对资本主义的威胁,必须扩大国家的经济职能,抛弃自由放任政策,由政府调节私有经济的活动。他看到了传统自由放任主义政策的不足,承认资本主义制度存在着失业、分配不均等缺陷,认为在私人经济无法自动使总需求与总供给趋于一致的条件下,政府有必要对需求进行调节,以稳定资本主义经济。国家干预主义经济学强调国家对经济的宏观调节,适应了垄断资本主义存在与巩固的需要。

凯恩斯主义的出现,是西方经济理论和政府政策由经济自由主义占主流地位向现代国家干预主义占主导地位转变的标志。面对西方国家国民经济崩溃的局面和各国政府调节经济的事实,凯恩斯创立了有效需求原理和需求管理政策,完成了经济学说和经济政策史上的"革命"。凯恩斯认为,仅靠市场机制的自发调节作用不可能实现充分就业,必须依靠政府调节来刺激总需求;国家只有通过财政、货币、福利等政策积极干预市场,才能达到充分就业的目标。在凯恩斯的经济学说中,政府对经济的干预与调节被放置到一个前所未有的高度。他认为,国家干预和调节经济生活是政府经济行为的基点。政府针对有效需求不足即小于充分就业的经济运行状态,需要选择政策手段将其调整到充分就业的均衡状态。显然,"有效需求不足"和"非充分就业均衡"理论的提出,为国家干预和调节经济生活制造了理论依据。在凯恩斯主义的指导下,西方国家纷纷以国家干预理论为政策指导,适用计划及其他经济手段对经济实行干预。

"二战"后,凯恩斯经济学成为资本主义国家的官方经济学,各国政府均采纳凯恩斯的理论作为制定经济政策的依据。凯恩斯主义经济学的推行,在一定程度上使资本主义的固有矛盾得到了缓解,资本主义各国经济也一度出现罕见的繁荣。但是,凯恩斯主义政策不可能根本消除资本主义的固有矛盾,不可能包治资本主义经济之百病——后来出现的

---

① [英] 约翰·梅纳德·凯恩斯著;徐毓枬译. 就业、利息和货币通论 [M]. 郑州:河南文艺出版社,2016. 10.

"滞胀"状态即为明证。凯恩斯主义经济学后来被货币主义、供给学派取而代之。供给学派强调发挥市场机制的调节作用,反对国家过分干预经济的运行。他们主张国家应该对经济活动进行适度的干预,从而实现经济的高效率。

那么,罗斯福新政是否在凯恩斯主义的指导下进行的呢?虽然有人认为凯恩斯的《就业、利息、货币通论》是新政经济学家的《圣经》,[①] 但事实上,"新政"始于1933年,《通论》发表于1936年,单从时间上考虑,说"新政"是在凯恩斯主义指导下进行的,就有失偏颇。根据张世明博士的考证,罗斯福总统经过哈佛大学和哥伦比亚大学的正规"训练"后,就已经非常熟悉相关的经济知识和思想,特别是如何加强政府管理经济以进行改革的思想。所以,只能说罗斯福新政反映了凯恩斯的一些思想,而凯恩斯对罗斯福的影响甚小。[②] 客观地讲,当时的国家干预主义经济学不仅有英国的凯恩斯主义理论,还有瑞典学派和美国的制度经济学派等。制度经济学派就主张国家对经济的干预,而且这种思想在二十世纪二三十年代的美国已得到了广泛的传播,罗斯福大可不必舍近求远而寻求凯恩斯主义的支持。事实上,制度经济学派不仅给"新政"提供了强大的理论支持,而且也提供了强大的智力支持——有为数不少的制度经济学家还成了"新政"智囊团的核心成员。

国家干预主义经济学主张国家主动干预社会经济的运行,以解决"市场失灵"等问题。显然,这种干预并不是抛弃市场机制而代之以由国家包揽经济社会的一切,它是建立在市场机制基础之上的。所以,国家干预主义经济学也是经济法的经济学基础之一。

从以上分析可以看出,经济法是自由主义经济学和国家干预主义经济学"磨合"的产物。就经济法母国的德国而言,被划入国家干预主义的官房学派和历史学派均未否定市场的作用。官房学派虽然主张依"家长方法"之经济政策来领导国民经济生活,但在反对封建行会独占制度、受伏尔泰等启蒙思想家影响等方面放出一线自由之光。历史学派虽然强调经济学应该建立在国家利益之上,但它也无法抹去自由主义经济学在德国经济思想上留下的明显痕迹。所以,我们认为,自由主义经济学和国家干预主义经济学共同构成了经济法的经济学基础。

二、经济法的法哲学基础[③]

20世纪西方法学领域最重大的事件和最突出的成就就是出现了社会法学派,社会学法

---

① [美] 福克讷,王锟译. 经济学名著译丛:美国经济史:下卷 [M]. 北京:商务印书馆,2018.05.
② 张世明. 经济法学理论演变研究 [M]. 中国民主法制出版社,2002.
③ 吕志祥. 经济法基础理论研究 [M]. 北京:九州出版社,2021.08.

学的兴起是经济法产生的法哲学基础。社会学法学或者说法律社会学的最初理论形态，是法国孔德（Comte）社会学理论和实证主义哲学，以及英国斯宾塞（Spencer）的有机体生物学法学理论，但是它的正式开端是耶林（Jhering）和契克（Chick）。作为德国社会学法学的先驱，耶林本是历史法学派的嫡系，只是在19世纪70年代后才幡然改变，创建了目的法学。他倡导的法哲学是以"社会的目的"为核心的，即法应当来自社会目的，并为社会目的服务；法律并非像数学般的逻辑产生，法律是应现实生活之要求、基于利益追求而产生的。耶林批评当时的法学生活在"概念的天国"，强调法律乃人类意志的产物，有一定的目的，所以应受"目的律"的支配。耶林对康德（Immanuel Kant）法哲学中蕴含的个人主义也进行批判，认为法学的重心应该转移到社会、社会目的以及达成这些目的的方法，不应过分注重个人权利及利益。他说，任何的人类生活不单是为自己存在，同时也是为社会存在；一切人类都应该为人类文化之目的服务。

有人认为，耶林之后，法学界最伟大的学者是契克，契克对法学的贡献源于他对"团体"所进行的历史性、系统性的分析。他认为法律的基本分类不是"私法"与"公法"，而是"个人法"和"社会法"。所谓个人法是指国家管理个人及团体的彼此私人间的关系；所谓社会法则是国家管理团体中内在的活动及全体的关系。契克对现代法学的最大贡献正是他首次提出了社会法领域的存在。他强调社会集团的内部活动以及社会中的规范是法的渊源，因此，法作为一种社会现象，植根于社会集团的规范之中。

社会法学派把法学传统与社会学的概念、理论和方法结合起来研究法律现象，注重法律的社会目的、作用和效果，强调社会不同利益的整合。社会法学派的价值观念基本上是"社会本位论"。社会本位与个人本位是相对的，在社会与个人的关系上，社会法学派强调社会、社会合作、社会整体利益。社会学法学在20世纪出现有其深刻的社会原因。垄断资本主义的出现使旧的利益结构急剧变动，新的利益结构正在形成，新旧利益的冲突不可避免，法律的社会化成为时代的潮流。法律社会化把个人利益与社会利益有机联结，并以保障社会弱者为特征，这些社会问题和法律实践要求对法学理论做出调整。如果法学的对象依然与现实社会脱节，局限于现有法律制度的要素和结构分析，而且只是像分析法学家那样机械地注释成文法和判例法，不为国家运用法律手段解决问题提供指南或提出意见，就不能适应社会和法律实践的需要。

社会法学派主张打破概念法学的束缚，强调法哲学范式的转变，倡导对社会利益的关注，为经济法学的产生奠定了坚实的法哲学基础。

第二章 经济法的内涵

第一节 经济法的本质

一、经济法的本质概说

(一) 法的本质概说

1. 法的本质属性

所谓本质,是事物的根本性质,是一事物区别于他事物的基本特质。所谓法的本质,是指隐藏于法的现象背后的法的根本性质,是法区别于他事物的基本特质,是法存在的基础和发展变化的推动力量。[①]那么,法有哪些本质属性?我们可以从多个角度进行归纳和把握。

(1) 法的意志性和规律性

法是由国家制定或认可的,必然要贯彻、反映、体现国家的意志。意志和利益不可分离,法的根本作用在于通过权利与义务的形式来调整各种利益关系,如何调整复杂的利益关系则取决于立法者的意愿。但是,法"只是表明和记载经济关系的要求而已"[②],"立法者应该把自己看作一个自然科学家。他不是在制造法律,不是在发明法律,而仅仅是在表达法律,他把精神关系的内在规律表现在有意识的现行法律中"[③]。显然,法是意志性和规律性的有机统一体。

(2) 法的阶级性与社会性

[①] 李步云. 法理学 [M]. 北京:经济科学出版社,2000.12.
[②] 中共中央马克思恩格斯列宁斯大林著作编译局. 马克思恩格斯选集 4 [M]. 北京:人民出版社,2012.09.
[③] 中共中央马克思恩格斯列宁斯大林著作编译局. 马克思恩格斯选集 1 [M]. 北京:人民出版社,2012.09.

法是统治阶级意志的体现，法的阶级性不言而喻。但是，法也是管理社会生产、管理社会公共事务的社会规范，因而法同时具有社会性。正如马克思所言，"政府监督劳动和全面干涉包括两方面：既包括执行由一切社会的性质产生的各种公共事务，又包括由政府同人民大众相对立而产生的各种特殊职能"①；恩格斯也说，"政治统治到处都是以执行某种社会职能为基础，而且政治统治只有在它执行了它的这种社会职能时才能持续下去"②。当然，在社会主义社会里，执行法的社会职能、体现法的社会性的法律规范，其阶级烙印和影响已经消失，这是由社会主义社会的经济和政治条件决定的。③

（3）法的利益性和正义性

法是调整各主体之利益的社会规范，"法律应该以社会为基础。法律应该是社会共同的、由一定物质生产方式所产生的利益和需要的表现，而不是单个的人恣意横行"④。根据利益主体的不同，可以将法律调整的利益分为个人利益、国家利益和社会利益。法也是"决定善良和公平的一种艺术"，"法学是正义和非正义之学"。比较而言，自然法学派以重视法的正义性为主要特征，实证法学派以倡导功利主义为主要特征。

2. 公法、私法与社会法

如前文所言，法具有利益性，法所调整的利益包括个人利益、国家利益和社会利益。一般而言，主要保护个人利益的是私法，主要保护国家利益的是公法，主要保护社会利益的是社会法。公法和私法的区分出现得较早，而社会法的出现则是晚近的事，因为社会利益在晚近时候才凸显出来。

公法与私法概念的提出可以追溯到古罗马时期。当时，古罗马法学家乌尔比安（Ulpianus）首先提出了公法和私法的概念，其后被广为传播和使用，特别是在大陆法系国家。但是，到底哪些法律是公法，哪些法律是私法，其实并没有一个明确的标准。相关学说主要包括：①利益说。此说以法的价值目标为标准，就是看法的价值目标到底是私人利益还是国家利益（公共利益），以私人利益为其价值目标的为私法，以国家利益（公共利益）为其价值目标的为公法。乌尔比安即持此说。②主体说。此说以法律关系主体为标准，即法律关系主体双方均为私人或私人团体的为私法，法律关系双方或一方为国家或公共团体的为公法。③权力说或意志说。此说以权力关系为标准，即规定私人之间权利对等关系的为私法，规定国家和私人之间权力服从关系的为公法。④行为说。此说以行为关系为标

---

① 张建林，王立柱. 马克思恩格斯哲学原著选读 [M]. 天津：天津人民出版社，2009.07.
② 中共中央马克思恩格斯列宁斯大林著作编译局. 马克思恩格斯选集 3 [M]. 北京：人民出版社，2012.09.
③ 李步云. 法理学 [M]. 北京：经济科学出版社，2000.12.
④ 张建林，王立柱. 马克思恩格斯哲学原著选读 [M]. 天津：天津人民出版社，2009.07.

准,即规定私人行为的为私法,规定国家行为的为公法。①

以上各学说虽然略有不同,但其共同点还是比较明显的。概括言之,我们可以这样理解公法和私法,公法涉及国家管理的事务,需要运用国家权力;私法涉及公民、法人、其他组织的事务,无须动用国家权力。一般而言,公法包括宪法、行政法、刑法及诉讼法等,私法包括民法、商法等。

在自由资本主义时期,商品生产和商品交换相对简单,政府秉持"放任"原则,对市场不加干涉,"公法""私法"的划分似成定势。但是随着资本主义的高度发展,"一方面带来了大资本家对企业的垄断;另一方面产生了现实的经济不平等,出现了连生存权都受到威胁的贫困劳动者。此即所谓资本主义的矛盾。为了保障劳动者的福利以保证国民经济的正常发展,于是国家便不得不积极地通过法的社会化来干预经济立法"②,此即所谓的"私法的公法化"或"法的社会化"。随着"法的社会化"进程加快,新型的"社会法"随之产生。

社会主义国家同样有"法的社会化"进程。以中国为例,随着市场经济体制改革的推进,我国的经济制度和经济体制已出现新的格局,混合型经济已然形成。从法的层面来看,不仅民事法律中增添了必要的公法因素,而且由特别的经济法律形态组合成新型的经济法整体已是呼之欲出。

(二) 经济法的本质概说

1. 公法说

此说认为经济法属于公法范畴,国内外法学界均有经济法为公法之观点。以德国为例,乌茨·施利斯基(Utz Schliesky)就认为,经济法由经济公法、经济私法和经济刑法构成。他认为,某部法律或某条法律规定属于经济公法还是经济私法,取决于某个调整经济过程的法规在具体适用时,是否单方面地使某个国家权力主体享有权力、负有义务或者对该主体的组织结构进行规范,如果是,那么该法规就是公法;如果某法规适用的最终主体是私人,则为私法。经济公法包括经济宪法、经济行政法、竞争公法,经济私法包括民法典、商法典、股份公司法、有限责任公司法等。经济刑法其实也属于经济公法,但按照德国法律体系的传统,刑法一直都是第三大部门法,所以,经济刑法也应该单列出来。③

我国也有学者认为,经济法属于公法范畴。譬如,王家福认为,"就其性质而言,它

---

① 李步云. 法理学 [M]. 北京:经济科学出版社,2000. 12.
② 应松年. 论行政程序法 [J]. 中国法学,1990 (1):8.
③ [德] 施利斯基,喻文光译. 经济公法 [M]. 北京:法律出版社,2006. 06.

是公法，也就是经济行政法"①。杨紫烜也持公法说，他认为，"经济法是以在国家协调本国经济运行过程中发生的经济关系为调整对象的，这种经济关系属于公法所调整的服从关系的范围，而不属于私法调整的平等关系的范围。……经济法规范是公法规范而不是私法规范，经济法属于公法的范围而不属于私法的范围，它也不是什么第三法域。"②

2. 复合说

此说认为，经济法既非公法也非社会法，而是既包括公法要素又包括私法要素。譬如，韩国学者权五乘认为，经济法既是公法的自我扩张，也是私法的自我发展。经济法有表现为包含公法要素和私法要素的单行法律，有散见于宪法、行政法等公法中的规定，也有散见于民法、商法等私法中的规定。譬如，反垄断法就包括公法要素和私法要素。③

我国学者程信和也持此说。他说，"作为兼具公法与私法两种法律因素的经济法，将与作为私法的民法及其他有关法律一道，共同发挥调整市场关系的功能。"④

3. 社会法说

此说认为经济法属于社会法，国内外持社会法说的学者较多。譬如，德国学者拉德布鲁赫认为，"如果要用法律语言来表述我们所见证的社会关系和思潮的巨大变革，那么可以说，由于对社会法的追求，私法与公法、民法与行政法、契约与法律之间的僵死的划分已越来越趋于动摇，这两类法律逐渐不可分地渗透融合，从而产生了一个全新的法律领域，它既不是私法，也不是公法，而是崭新的第三类：经济法与劳动法"⑤。

日本学者金泽良雄认为，"在个人与国家各自的领域之间，已经形成了以社会为过渡体的一个独立存在于其他法域的独特法域。这恰恰是属于经济法的领域"⑥。丹宗昭信也认为，近代私法所保障仅为形式上的自由平等，经济法恰好是为了纠正这种不足而产生的，经济法保障的是市场中实质性的自由和平等。所以，经济法的主体已经不再是近代私法中所描述的抽象的"人"，而是更具有具体性的带有社会性质的企业和消费者等。所以，我们应该承认经济法的社会法性质。⑦

---

①王家福. 社会主义市场经济法律制度建设有关问题——全国人大常委会法制讲座讲稿摘登 [J]. 人大工作通讯，1998，(第24期)：14-17.

②杨紫烜. 经济法 [M]. 北京：北京大学出版社；北京：高等教育出版社，1999. 11.

③权五乘. 亚洲法研究：过去、现在与未来 [J]. 法理学、法史学（人大复印）人大复印报刊资料（法理学、法史学），2013，(第1期).

④程信和. 公法、私法与经济法 [J]. 中外法学杂志，1997，(第1期)：11-15.

⑤[德] 拉德布鲁赫，米健译. 法学导论 [M]. 北京：商务印书馆，2017. 08.

⑥[日] 金泽良雄，满达人译. 经济法概论 [M]. 北京：中国法制出版社，2005. 01.

⑦[日] 丹宗昭信，[日] 伊从宽. 吉田庆子译经济法总论 [M]. 北京：中国法制出版社，2010. 10.

我国学者刘文华认为，"经济法既非纯粹的公法，更非私法，而是公私结合的社会法，是介于公法与私法之间的中法，属于第三法域。"① 史尚宽认为，"在自由经济竞争之阶段，经济与政治完全分离，规定经济的关系之私法，与规定政治关系之公法，完全明确地对立。于统制经济之阶段，渐有公私法混合之法域，而出现中间之法域，即为社会法"②。高桂林认为，经济法既不是私法也不是公法，而是社会法。经济法既有私法的属性，强调市场的自主调节和市场主体的自主交换；也有公法的属性，强调国家权力的介入和政府调控。显然，经济法具有公私交融的特征。③

二、经济法的社会法性

（一）经济法生成背景的社会性

经济法产生的社会背景是社会化大生产的形成和发展。19世纪后期，随着科学技术的进步，资本主义社会逐渐形成了社会化大生产的局面。在社会化大生产的发展过程中，出现了以下社会现象：

1. 生产的社会化

生产的社会化是指生产资料使用的社会化、生产过程的社会化和产品的社会化。随着科技革命的进行和科技新成果的广泛应用，企业的生产形式变为大规模生产即企业按全社会通行的标准进行连续性设计和生产。其直接结果是产品生产乃至一种产品的各个部分的生产和工艺操作，都变成了专业化生产，实现了产品专业化、零部件专业化和工艺专业化。大规模生产的形成和发展直接导致了生产的社会化，而生产的社会化又导致了资本的社会化和劳动的社会化——原来的单个资本变为社会共同资本，原来的单个劳动变为社会共同劳动。

2. 国民经济的体系化

19世纪末20世纪初，社会分工不断深化，新的产业部门相继出现，各经济主体相互依存，国民经济的体系化初步形成。当时，不仅出现了电工器材工业、化学工业、汽车工业、石油工业等新兴工业部门，而且在原有的生产部门内部也发展出了许多新的生产类别，社会经济形成了以中枢生产部门为轴心的连锁性和基本经济过程的连续性。社会各经

---

① 刘文华. 中国经济法基础理论 [M]. 北京：法律出版社，2012. 05.
② 史尚宽. 民法总论 [M]. 北京：中国政法大学出版社，2000. 03.
③ 高桂林，李帅. 经济法总论 [M]. 北京：中国法制出版社，2012.

济部门、同一经济部门的各个经济单位不再是孤立、分割的,而是相互衔接、互补共存的,社会经济已成为一个有机联系的整体。

3. 垄断资本主义经济的国际化

垄断资本主义经济的国际化是在社会化大生产过程中出现的又一经济现象。随着社会化大生产的进行和资本主义经济的发展,完备的市场要素和市场竞争,使各地区、各国家之间的商品交换活动发生了量的扩大和质的变化,经济联系扩展到了全球,从而使垄断资本主义经济带有了国际性的特点。这也是自出现生产的社会化和国民经济的体系化以来,市场经济发展的一个更高的层次。此时,资本主义国家在商品输出的同时,资本输出的比例也越来越大,各地区、各国间经济关系的资本联结,使生产关系日益巩固并具有持久性的特点。随着资本输出和垄断组织对世界市场的分割,各国经济几乎无一例外地被卷入"世界市场网",形成了"你中有我""我中有你"的态势。

4. 资本主义社会矛盾的尖锐化

随着社会化大生产的进行,资本主义国家固有的矛盾即生产的社会化和生产资料私人占有之间的矛盾逐渐加剧。由工业革命带来的社会问题和公害日益严重,雇佣劳动与垄断资本之间的矛盾也日趋尖锐。资本主义国家不得不开始关注经济、福利、劳动、教育等方面的问题,并运用法律手段予以调节。

显然,社会化大生产的发展使经济活动不再是分散的、任意的、纯个人的事情,经济关系也不再只是限于行业的、部门的、地区的以及与国家分离的"纯粹经济",而是社会化的经济。在这种社会化的经济运行过程中,经济活动主体不仅要考虑个人利益、国家利益,还要考虑社会利益。

(二) 经济法生成路径的社会法性

如前文所言,资本主义国家经济法生成的路径是"私法公法化",社会主义国家经济法生成的路径是"公法私法化",即经济法生成的路径是"法的社会化"过程。

17世纪,资本主义国家进入自由资本主义阶段,随着机器大工业生产和世界市场形成,竞争更具有普遍性和空前的激烈性,市场主体纷纷要求自由贸易、自由竞争,在亚当·斯密的自由主义经济理论指导下,政府很少干预经济生活,由市场自发调节经济,经济活动被认为是企业家私人的事,市场活动主要依靠民商法来调节,强调以个人为本位的私法在此期间得以茁壮发展。但事实上,绝对的意思自治以及公、私法的截然分割并不存在。就在"意思自治"的法律语言正在酝酿时,"法的社会化"已初露端倪。1802年,英国就制定了管制工厂劳工的《学徒健康和道德法》。这部法律明确规定，纺织工厂童工的工作时间每天不得超过12小时，以限制资本家对童工的剥削。此后，类似的"工厂立法"在英、法、德、美等国家不断涌现。19世纪末20世纪初，第二次工业革命后，随着自由资本主义向垄断资本主义的过渡，"法的社会化"进程开始加快，经济法作为一门新兴学科也开始逐渐发展，社会化大生产和生产资料私有制的矛盾激化为经济法的萌芽提供了肥沃的土壤。1900年1月1日开始实施的《德国民法典》，不再以自由主义、个人主义为基础，而是以团体主义、社会连带思想为基础。《德国民法典》的这一特征，初步反映了社会化大生产条件下的客观实际和对法律的要求。19世纪末，为解决垄断所带来的社会矛盾，美国陆续出台了《谢尔曼法》《克莱顿法》和《联邦贸易委员会法》，统称为反托拉斯法。反托拉斯法结合法院在司法实践中贡献的宝贵判例，成为美国管理经济的有力工具。从以上各个资本主义国家经济法发展历程可以发现，国家公权力开始介入私法领域，承担起经济和社会职能，并干预国民经济的运行。公法和私法从对立紧张状态逐渐转变为彼此相互融合的状态，"私法公法化"趋势明显加快。随着劳动法、教育法、环境法等社会性法律法规量的增加，"社会法域"终于被人们认可，经济法恰是在"社会法浪潮"中产生的。

二十世纪五六十年代，社会主义国家逐渐认识到了"斯大林模式"的弊端，开始改革这种僵化的经济体制。改革的内容主要包括：减少指令性计划指标的数目，扩大企业自主权；实行以部门管理为主，兼顾地区管理的原则；用经济方法管理经济，加强经济刺激制度等。1978年，中国的改革开放正式启动，1992年正式确立社会主义市场经济的改革目标。为了向市场经济迈进，国家必须简政放权、"还权于民"。随着改革的深入，国家通过缩小控制范围、改革控制方式、规范控制手段，逐步扩大了社会自由活动的空间，促成了国家与社会间的结构分化，市民社会逐渐与政治国家相分离。市民社会成为一个相对独立的提供发展和机会的源泉，个人对国家的依附性明显降低，相对独立的社会力量日益强大，以个人利益为本位的民商法有了良好的发展。但任何事物的发展都有其自身的规律，一部分价值获得满足的同时，就意味着另一部分价值的丧失，市场经济给人们带来丰富的物质产品的同时，也出现了贫富不均、损害消费者利益、环境污染等问题。为了解决这些新问题，社会主义国家退出了原来的部分领域，"改良"了原来的部分领域。这样，原来的"公域"演化成了"公域""私域"和"社会域"并存，与此相适应，公法、私法和社会法在社会主义国家几乎同时起步。随着市场经济的发展，我国的《反不正当竞争法》《消费者权益保护法》《产品质量法》《价格法》《反垄断法》等典型经济法接连出台。显然，我国的经济法是在"公法私法化"的进程中随着"法的社会化"而出现的。

(三) 经济法本位的社会利益性

1. 法的本位概说

所谓本位，即基本理念、基本目的或基本任务等。我们在考察一个法律部门，确定其属性、调整对象等问题时，应该有一个出发点即"本位思想"，这是正确认识该部门法的关键所在。因为，本位思想是构成一个法律部门区别于另一个法律部门的主要标志。本位思想通常是由法律所体现的利益所决定的，法律为保护三个领域中的三种不同利益而形成了三种本位思想。私法以私人领域中的个人利益为本位，公法以公共领域中的国家利益为本位，社会法则以社会领域中的社会利益为本位。据庞德研究，利益是存在于法律之外的一个出发点，法律必须为这个出发点服务。利益可以分为个人利益、公共利益和社会利益。个人利益是从个人生活的角度出发，以个人生活的名义所提出的主张或愿望；公共利益是从政治生活的角度出发，由各个人所提出的涉及一个政治上有组织的社会生活的要求或愿望；社会利益则是以文明社会中社会生活的名义提出的使每个人的自由都能获得保障的主张或要求。[1] 个人利益是一种私人利益，是利益动力结构的原始细胞，通过形成私权关系来实现；公共利益往往表现为国家利益，国家利益常常由政府来代表，通过形成公权关系来实现；社会利益则包括了一般安全、个人生活、维护道德、保护社会资源的利益以及经济、政治和文化进步方面的利益，通过形成社会权利关系来实现。

传统的市民社会理论认为，社会有两个领域：市民社会和政治国家。市民社会是特殊的私人利益关系的总和，政治国家是普遍的公共利益关系的总和。但是随着历史进入20世纪，市民社会与政治国家的相互渗透日益频繁，某些私人利益受到普遍的公共利益的限制而形成社会利益，某些公共利益因国家缩小其控制范围、"还权于民"而转变为社会利益，社会利益可以说是个人利益与公共利益整合出来的一种特殊而又独立的利益。社会利益就其本性而言，是种个人利益、私人利益，譬如，雇佣关系中雇工的利益，消费关系中消费者的利益皆是。在前述社会关系中，雇工和消费者往往处于弱势地位，而处于强势的雇主和生产者又会利用其优势的法律地位，来维护、张扬其个体利益，这就势必导致雇工和消费者的利益难以实现。为了协调各种利益关系，法律就要对各种利益的重要性做出估量，为协调利益冲突提供标准和方法，从而使利益得以重整。社会利益正是这种重整的结果。虽然，我们说社会利益的本性是个人利益，但二者毕竟是有区别的。在自主而平等的市场体制下，个人利益的被满足并不意味着整个社会利益也被满足。由于社会的整体利益

---

[1] [美] 罗斯科·庞德. 沈宗灵译. 通过法律的社会控制 [M]. 北京：商务印书馆, 2017. 07.

是不能由自主平等的市场主体的行为自身满足的,所以,应当有一个超越市场主体的"裁决者"来识别和确定社会利益,这个裁决者当然是国家。国家在介入"社会域"后,以社会利益为本位逐渐形成了一种新的社会调节机制,包括:社会公共干预措施、社会促进措施、社会保障措施等。这些措施的运用,增进了人类社会的共同福祉,促进了社会的均衡发展,加强了人类社会的合作。

2. 经济法的本位:社会利益

那么,经济法是否以社会利益为本位呢?我们认为是的。理由如下:第一,经济法体现社会整体利益。譬如,市场竞争法的最终目的是维护有序的竞争秩序,促进社会整体经济利益;消费者权益保护法的目标是维护消费者权益,促进社会均衡发展;不景气对策法的目的是在市场经济的体制下促进经济的持续增长,增进人类的共同福祉。第二,经济法保障社会经济安全。市场竞争法扼制垄断者和不正当竞争者,其目的在于实现市场秩序安全;消费者权益保护法强化消费者权益,保护消费安全;不景气对策法要促进经济的适当增长,保持物价稳定和一定的就业率,是为了实现经济领域内的社会安全。第三,经济法追求经济领域的社会公平。通过市场竞争法,扼制大企业的垄断行为,促进中小企业与其他合法竞争中的有效竞争,维护消费者权益;不景气对策法促进经济适当增长,国内就业,稳定物价,避免中低收入阶层遭受通货膨胀之苦;通过消费者权益保护法,维护消费者权益;通过产业政策法,促进落后地区经济和新兴产业的发展;通过中小企业促进法,扶植中小企业的发展。第四,经济法促进社会合作。通过消费者团体,促进消费者之间、消费者与厂商之间的合作;通过将公司视为社团,促进股东与公司其他关系人之间的合作;通过公众参与,促进经济政策的民主化,实现社会经济合作。[①]

(四)经济法的本质:社会法

随着市民社会与政治国家的相互渗透,私法与公法的相互交错,出现了作为中间领域的、兼具私法和公法因素的社会法。社会法是国家为保障社会利益,通过加强对社会生活干预而产生的一种立法。而经济法正是社会法域下面的一个法律部门,经济法的本质是社会法。

首先,经济法是社会法浪潮的产物。经济法产生于社会化大生产时代经济集中和垄断已然出现,各种矛盾和社会问题频发的20世纪20年代。它是在自由主义经济学和干预主义经济学磨合的基础上,适应法律社会化的发展要求,经过"私法公法化"和"公法私

[①] 郑少华. 社会经济法散论 [J]. 法商研究,2001,(第4期):74-82.

法化"的复杂过程而生成的。

其次,经济法的出现意在克服"市场失灵"和"政府失灵"。在信息不充分、外部不经济等"市场失灵"现象频频发生,市民社会已然发生危机,而政治国家的一味介入又导致"寻租"等"政府失灵"现象的情况下,经济法便应运而生。所以,经济法为实现其宗旨,不仅要"干预市场",还要"干预政府"。

再次,经济法以社会利益为其本位。它通过一系列理念和具体的法律法规,保障社会经济安全,追求经济领域的社会公平,增进了人类社会的共同福祉,促进了社会的均衡发展,加强了人类社会的合作。

又次,由于市场因素和国家因素是经济法内涵的两个组成部分,社会公共性是其基本特征,因此经济法具有社会法性质。正如史际春教授所说,经济法的研究和立法应当确立"公私交融,以社会为本位,在社会条件下追求公平和正义"的理念。[①]

最后,经济法与在法律社会化浪潮中出现的环境法、劳动法等法律部门具有更大的相似性,而与作为"私法"的民商法、作为"公法"的行政法大异其趣。显然,经济法、劳动法、环境法同属于社会法的大家庭。

第二节 经济法的理念

一、经济法理念概说

(一) 法的理念概说

"理念"一词是西方哲学史上的重要范畴,它是指一种理想的、永恒的、精神性的普遍范型。"理念"在拉丁文里(Idea)的含义是指"大量的智慧",在德语里(Idee)作观念或思想解释,在英语里(Idea)亦作思想、概念、想法、观念、主意解释。

根据漆多俊教授的理解,所谓理念,含理想与信念之义,指的是人们对于某种理想的目标模式及其实现的基本途径和方式的一种信仰、期待和追求。它包括对于理想目标的憧憬和对于通过某种基本途径和方式实现理想目标的信念两层含义。[②]

[①] 葛敏,乐欣. 专家学者聚焦经济法四大问题 [J]. 人大复印报刊资料(经济法学、劳动法学)复印报刊资料(经济法学、劳动法学),2003,(第2期):85-88.

[②] 漆多俊. 经济法基础理论:第3版 [M]. 武汉:武汉大学出版社,1993.04.

(二) 经济法理念概说

所谓法的理念或法律理念一般是指法的目的，它是需要依靠法来实现的基本价值和法的基本使命（目标模式），即作为法的正当与否、合理与否的评价规则和基准。但凡为某种大事业，必先有某种理念的存在；制定、实施法律当然也不能例外。正因为法律理念的存在，人们才会深信秩序、公平、效率的社会一定会到来。可以说，法的理念具有法的形成、实现之指导原理上的意义。

法律理念和法律价值是两个既相区别又相联系的概念。法律价值具有客观性，它是法律本来就有的一种属性，尽管法律价值的释放只有通过法律的运用才能完成；法律理念则具有主观性，它产生于人们的头脑并附加于法律之上，虽然法律理念的实现要借助于一个客观化的过程。法律理念中的理想目标模式的实现，需要凭借法律固有价值的释放；法律价值中的秩序、公平、效率等内容，恰好是法律理念的理想目标。适应丰富多彩的社会生活而出现的众多的法律，具有不同的价值和理念，所有不同法律的价值和理念总合起来就成了法律的价值和理念。

经济法的理念是指经济法的目的，它是需要依靠经济法来实现的基本价值和经济法的基本使命（目标模式），即作为经济法正当与否、合理与否的评价规则和基准。经济法理念即经济法的目标模式以及对该模式实现的信念，要通过经济法价值的释放来完成。经济法理念充满着社会化的精神，它是一种人们关于借助于经济法可以实现理想的社会经济生活目标模式的信念，人们相信它可以克服或缓和由生产社会化和垄断等引起的个体与社会的矛盾和传统法律理念的不足。经济法理念蕴含着经济自由和社会秩序、个人权利和社会责任、机会公平和结果公平、私人利益和社会正义的和谐。在经济法理念的框架之下，既有自由的市场竞争，又有适度的政府调节；既有发达的民商法，又有成熟的经济法。民商法侧重于从个体的角度来维护市场经济的有序运行，而经济法则侧重于从整体的角度来保障市场经济的良性运行。毫不夸张地说，经济法理念的形成，是社会进步的表现，也是全人类的福音。

二、经济法的基本理念

（一）自由竞争理念

"自由"是一个比较抽象的概念，从不同的角度出发会有不同的理解。从一般的意义上理解，"自由"就是自己能做主。在哲学上，"自由"与"必然"相对，组成辩证法的一对基本范畴。作为政治范畴,"自由"在不同历史阶段具有不同的内容。从法律的角度看,所谓自由是指在法律的范围内"为所欲为",即在不损及他人、社会以及国家利益的前提下,做自己愿意做的一切事情。现在,人们往往是从法律的角度理解自由的,本书亦然。可以肯定地说,自由是相对的,而不是绝对的,一个人在充分享受自由的同时,必然受到法律等制度的约束。

显然,自由是一些人对另一些人所施以的限制在社会中被减至最小可能之限度的一种状态。法律的目的并不是废除或限制自由,而是保护和扩大自由,整个法律和正义的哲学就是以自由观念为核心而建构起来的。自由不仅是人类生存的前提,更是人类发展的前提。"不自由,毋宁死"已成为老百姓之"成见"。在市场经济社会,自由意味着市场主体间自主意志的相互尊重,政府管制的交易禁区日益缩小;意味着民商法层次的身份平等、意思自治,经济法层次的市场竞争自由和经济政策民主。

竞争是个人、国家赖以生存和发展的永恒动力,一个人或国家如果没有竞争,就不会有进步和发展。我们所处的世界是竞争的世界,市场经济是竞争的经济——市场经济的核心和基本原则就是竞争。市场竞争的基本机制就是竞争机制,在市场经济条件下,经营者会从各自的利益出发,为谋取更好的产销条件、更多的市场资源而互相争胜。通过众多企业间的竞争,实现优胜劣汰,进而促使生产要素的优化配置。显然,竞争就是市场经济的本质特征。

所谓自由竞争,是指经营者在同一市场条件下,按照同一市场规则,自主决定参与或退出的市场竞争,这种决定权不受外来意志的干预,正所谓"意思自治"。显然,自由竞争是市场经济的前提,也是市场经济发展的重要基础。

在市场经济社会里,应该有大量的买者和卖者,众多的买者和卖者自由争胜,才造就了市场的"无形之手",而市场这只"无形之手"恰是推动"帕累托最优"的原动力。但实际上,自由竞争或者说完全竞争是不存在的。因为,有许多地位平等的生产者和消费者、生产者的产品是同质的无区别的、生产要素能够自由流动、市场信息畅通、厂商进入或退出完全自由,这样的市场是不存在的。恰恰相反,市场上经营者的实力不同、竞争地位不同,产品质量千差万别,生产要素难以自由流动,买者或卖者间可能存在共谋或暗中配合,交易双方的信息不对称,等等,这样的市场却是常态。正是基于此,我们认为,市场机制其实并不能"独善其身","无形之手"并非"万能之手"。

所以,经济法以自由竞争为其基本理念,其意旨包括两个方面:第一,虽然市场失灵是生成经济法的重要前提,但是,经济法并未否定市场机制。恰恰相反,经济法是承认市场机制的,是承认市场成功的。换句话说,市场机制和自由竞争是基础和前提。第二,如果出现了市场失灵或者有市场失灵的可能，经济法才会出手，以保障市场机制的有序运行和自由竞争的实现。所以，在经济法自由竞争理念下，政府调节是补充。而且，政府调节要以尊重市场规律为前提，以民主为其重要原则，要做到科学、公开、公正。

（二）市场秩序理念

秩序可分为社会秩序和非社会秩序。社会秩序是指人们交互作用的正常结构、过程或变化模式，是人们互动的状态和结果。它包含着行为秩序和状态秩序，也包含着经济秩序、政治秩序、文化秩序，乃至生产秩序、工作秩序、教学秩序、科研秩序和生活秩序，等等。非社会秩序则是指事物的位置所在、结构状态或变化模式。法律所追求的秩序当然不是一般的秩序，更不是非社会秩序，而是有益于人类社会的社会秩序。[①] 经济法所追求的秩序正是社会秩序范畴的市场秩序。如前文所言，经济法是市场经济社会特有的法律现象，经济法的使命就在于保障市场经济的良性运行，避免市场主体的无序竞争。

市场经济是主体多元化的经济，分散的、为数众多的主体有独立的产权、独享的经济利益。这些分散的主体根据自己的意愿做出的分散的决策，一旦与不规范的主体行为结合在一起，必然会导致资源配置的低效、浪费，造成整个国民经济运行秩序的混乱。同时，在市场经济中，各个生产者个体的眼前利益往往会和国家、社会的长远利益发生矛盾，进而影响整个社会经济发展的速度、经济发展的模式以及生产的结构和布局等。在这样的情况下，国家的干预就成了必然。但是"国家之手"必须依法律而动，依经济法而动，才可能是有效的或者是高效的。在高度集中的计划经济体制下，经济的运行主要靠政府及其职能部门的行政干预。政府对微观经济行为的过分干预必然导致政府权力的无限膨胀，市场主体在经济活动中的自主权得不到切实保障。显然，政府对经济活动的这种过分干预与市场经济的基本准则是格格不入的。在市场经济条件下，政府作为有组织的权力系统，主要通过设置市场、界定市场规则、引导市场发展、维护市场秩序、裁决市场竞争中的纠纷等方式对市场的发育和繁荣发挥高层次的宏观调控作用，以建立良好的市场经济秩序。而这种干预或调控必须是在经济法的范围内，运用经济法的方式进行，才能有利于市场经济秩序的良性发展。

在我国，市场经济体制正在形成之中。在这样一个特定的时期，只有国家依法干预，才能逐步培育市场要素，完善市场体系，维护市场秩序。因为，在向成熟的市场经济体制转轨过程中，独立的市场主体、健全的市场机制、完善的法律体系还在形成中，市场主体

[①] 卓泽渊. 法的价值论 [M]. 北京：法律出版社，1999.07.

之间的欺诈、封锁、贿赂、垄断等不正当竞争和无序竞争现象更容易发生。如果任其发展，必将导致市场混乱，经济运行无序，进而导致社会的不安定。所以，要发展市场经济，建设社会主义现代化强国，市场秩序显得尤为重要，市场秩序理念成为经济法的基本理念也就顺理成章了。

(三) 公平发展理念

公平作为一种道德要求和品质，指按照一定的社会标准（法律、道德、政策）、正当的秩序合理地待人处事。美国伦理学家罗尔斯认为，在正义的概念中，公平是最基本和最重要的观念，是制度、系统、重要活动的重要道德性质。

"公平问题是一个人类价值问题，是人类的一个恒久追求，是政治社会中所有价值体系追求的一个最高目标。一切社会规范形式，诸如政治规范、经济规范、法律规范、道德规范、宗教规范等等，都将公平作为重要的价值内容和价值目标。"[1] 古希腊思想家把公平阐释为和谐与秩序，柏拉图则认为公平意味着各司其职、各得其所。事实上，公平是一个不断发展着的概念，不同社会、不同时代的人会有不同的公平观。正如马克思所说："希腊人和古罗马人的公平认为奴隶制是公平的，1789 年资产者的公平原则要求废除封建制度，因为据说它不公平……所以，关于永恒公平的观念不仅因时因地而变，甚至也因人而异。"[2] 我们认为，所谓公平，主要是指一种社会利益的均衡状态，以此对社会基本结构产生影响并促进社会合作与发展。[3] 这种公平观恰好是经济法的公平观。经济法的公平发展理念注重结果的公平、实质的公平，注重内在化的效率公平，注重社会利益的均衡状态。

1. 公平竞争

民商法的公平理念主要体现在机会公平，民商法制度为每一个竞争者提供了一个公平竞争的环境，一个差不多相同或相似的竞争起点。但事实上，由于竞争者个人素质包含法律素养和道德素养的不同，竞争的过程可能会出现垄断、不正当竞争等现象，竞争的结果可能会大相径庭——有人可能会以较低的成本获得较高的利益，相反，有人可能会以极高的成本获得极小的利益。这时就需要经济法的公平发展理念来矫正"市场失灵"现象，作为经济法重要组成部分的市场竞争法（包括反垄断法和反不正当竞争法）堪当此任。因为市场竞争法作为国家为保障公平交易而对竞争实行规制的法律手段，常常将政府调节与市

---

[1] 邵诚, 刘作翔. 法与公平论 [M]. 西安：西北大学出版社, 1995.
[2] 中共中央马克思恩格斯列宁斯大林著作编译局. 马克思恩格斯选集 3 [M]. 北京：人民出版社, 2012. 09.
[3] 单飞跃. 经济法理念与范畴的解析 [M]. 北京：中国检察出版社, 2002. 11.

场调节相结合，灵活地作用于市场运行过程，会取得良好的"公平"效果。正因为如此，有些国家譬如日本将其竞争法直陈其名为《公正交易法》，我国台湾地区则将其竞争法命名为《公平交易法》。

2. 区域平衡

由于资源的不均衡以及各地运用资源方式的不同，各国之间乃至一国境内的不同区域之间的不平衡时有发生。国与国之间的贫富悬殊、两极分化现象十分突出；我国大陆东、中、西部地区之间的非平衡现象也非常严峻，"沿海中国"和"内地世界"的严重对立已然形成。那么，要改变这种区域经济发展不平衡的现象，单纯依靠民商法是不足以彻底解决问题的。而经济法的公平发展理念本身就含有地区公平发展之理念，经济法在促进区域平衡发展方面将大有作为。譬如经济法体系内的计划调控法、产业调控法、金融调控法、财政调控法、投资调控法等都将发挥各自的作用，以促使某区域经济的快速发展。中国正在实施的西部大开发战略，比较好地体现了经济法的公平发展理念，是经济法公平发展理念的一次伟大实践。

（四）经济安全理念

安全是一切法律的第一要义，"人民的安全乃是至高无上的法律"，霍布斯的这一名言可谓一语中的。安全之所以重要，是因为安全有助于使人们享有的诸如生命、财产、自由和平等价值的状况稳定化并尽可能地维序下去。

作为安全的保护神，法律在很多方面都实践着一种重要的安全功能。法律对于权利来讲是一种稳定器，而对于失控的权力来讲则是一种抑制器。从法律上对自由和平等进行规定的目的，就在于确保今天所赋予的权利不会在明天被剥夺掉。法律的安全理念旨在保护重大的需要和利益，以减少任意变化的频繁度——任意变化的无序化将会是人们的灾难。从最低限度来讲，人之幸福要求有足够的秩序以确保诸如粮食生产、住房以及孩子抚养等基本需要得到满足；这一要求只有在日常生活达到一定程度的安全、和平及有序的基础上才能实现。

在现代市场经济社会，伴随人们的生活而存在的公害和风险，譬如事故、失业、疾病、老龄化以及环境污染等问题日益经常性地发生，经济安全理念已日益深入人心。但须注意的是，安全价值不是一种绝对价值，因为安全价值的实现，本身受到既对个人有益又对社会有益这个条件的限制。可以说，一定程度的安全是必不可少的，但如果对安全的欲求变得无所不包，那么就会产生这样一种危险，即人类的发展会受到抑制或妨碍，因为某种程度的压力、风险和不确定性往往是作为一种激励成功的因素而起作用的。①

所谓经济安全,是指一个国家的经济主权及基本经济秩序以及经济主体在经济活动中利益或行为的保障程度及其遭受损害的可能性。随着现代市场经济的发展和全民商业化进程的加快,市场主体为谋一己之私利可能损及他人利益、社会利益乃至国家利益,经济安全已成为一切经济活动的基本前提。

现代市场经济为每一个生产者、经营者乃至消费者都提供了一种广泛的资源与机会。而市场主体又是理性人、经济人,他们为了追求自身利益的最大化,不仅希望以较小的代价获取较多的资源,同时也希望拥有更多的机会,投机遂成为市场经济的润滑剂和原动力。毋庸讳言,投机是市场经济良性运行不可或缺的因素,但过度的投机、不合理的投机会极大地破坏市场机制,进而损及经济安全。传统的民商法以个体安全为其安全理念,虽对过度投机、不合理投机有一定的救济功能,但这种救济只是事后的救济。对过度投机和不合理投机而言,传统的民商法并不具备预防功能以及修复已被破坏的经济秩序的功能。民商法的力不从心显露无遗,经济法受时代的呼唤而开始发挥其防范经济风险的职能。

一般而言,经济安全主要是指整体经济秩序的协调和国民经济总体运行的安全。而整体经济安全出现故障的一般原因不外乎"市场失灵"和"政府失灵",经济法恰好是应对"市场失灵"和"政府失灵"的一剂良药。首先,经济法通过市场竞争制度、产品质量制度、消费者权益保护制度等限制了市场主体利己心的无限膨胀,修复了过度投机或不合理投机造成的不良后果,降低了私权主体依靠自身力量进行自我保护的高昂成本,维护了市场的基本交易秩序与安全。其次,经济法通过计划调控法、价格调控法、金融调控法、产业调控法等法律规范,合理配置经济资源,准确反映市场"行情",以提高政府调节的质量,进而维护国家经济主权。显然,经济法在营造国家经济整体安全的宏观环境方面也有不可忽视的作用。

(五) 可持续发展理念

所谓可持续发展就是指特定区域的需要不危害和削弱其他区域满足其需求能力,同时,当代人的需要不对后代人满足其需求能力构成危害的发展。② 可持续发展具有三大特征,体现了三项基本原则。

三大特征为:①生态持续。可持续发展要以保护自然为基础,与资源和环境的承载能

---

① [美].E·博登海默,邓正来译.法理学:法律哲学与法律方法 [M].北京:中国政法大学出版社,2017.07.
② 钱阔,陈绍志.自然资源资产化管理 可持续发展的理想选择 [M].北京:经济管理出版社,1996.08.

力相协调。因此，发展的同时必须保护环境，包括控制环境污染，改善环境质量，保护生命支持系统，保护生物多样性，保持地球生态完整性，保证以持续的方式使用可再生资源，使人类的发展保持在地球承载能力之内。②经济持续。可持续发展应促进经济增长，因为它是国家实力和社会财富的体现。同时，可持续发展不仅重视增长数量，更追求改善质量、提高效率、节约能源、减少废物，改变传统的生产和消费模式，实施清洁生产和绿色消费。③社会持续。可持续发展要以改善和提高生活质量为目的，与社会进步相适应。当代社会发展不可回避的一个事实是世界上还有很多人仍处于半贫困或贫困状态，可持续发展必须与解决这些人的贫困问题联系在一起。对于发展中国家来说，贫困和不发达是造成资源与环境破坏的基本原因之一，只有消除贫困，才能培养起保护和建设环境的能力。世界各国的发展阶段不同，发展的目标也各不相同，但发展的内涵均应包括改善人类生活质量，提高人类健康水平，并创造一个保障人们平等、自由、教育、人权和免受暴力的社会环境。

　　三项基本原则是：①公平性原则。即发展应满足整体人类的需求，而不是一部分人的需求。可持续发展强调本代人的公平、代际间的公平以及资源分配与利用的公平。目前这种全球贫富悬殊、两极分化的世界是不可持续的。因此，要把消除贫困作为可持续发展过程特别优先的问题提出来考虑，要给世世代代以公平的发展权。②持续性原则。在"满足需求"的同时，必须有"限制"的因素。即"发展"的概念中包含着制约的因素，主要限制因素是人类赖以生存的物质基础，即自然资源与环境。"发展"和"需求"要以生物圈的承受能力为限度，"发展"一旦破坏了人类生存的物质基础，"发展"本身也就衰退了。持续性原则的核心是人类的经济和社会发展不能超越资源与环境的承载能力。③共同性原则。国情不同，实现可持续发展的具体模式不可能是唯一的。但是，上述的公平性原则和持续性原则是共同的。并且，要实现可持续发展的总目标，应有全球的联合行动，并认识到地球及其生物圈的整体性和相互依存性。

　　可持续发展理论从提出到现在仅有几十年时间，但已成为全人类的共识。但是由我国人口多，各地区发展不平衡，环境特别是西部地区的环境又非常脆弱，所以可持续发展仍然是一项非常艰巨的任务。可持续发展是一项系统工程，实现可持续发展是整个法律体系的共同任务，经济法也不能例外。

　　经济法以可持续发展为其理念，以其特有的法律体系及调整方法在促使经济、社会的可持续发展方面将会做出自己的贡献。

　　首先，经济法变民商法的"经济人"假设为其"社会人"和"生态人"假设。传统民商法以理性的有创造性和利己心的经济人为规范对象，这些经济人都能通过成本—收益比较或依趋利避害原则，对其面临的一切机会和目标以及实现目标之手段进行优化选择，以实现自身利益的最大化。一般而言，经济人既不考虑非经济利益，也不考虑与他同时代的社会利益，当然就更不会考虑下一代、下下一代人的利益了。显然，经济人假设与可持续发展理念并不吻合。作为市场经济社会特有的法律现象，经济法以社会利益为本位，超越和弥补了民商法的不足，成为以社会人、生态人假设为其哲学基础的法律。所谓社会人，就是指负有社会责任，以追求社会公平、社会安全、社会稳定、社会公益为目标的人。

经济法以社会人作为法定模式来规范现实的人，要求现实的人追求社会整体利益和社会协调平衡，以实现本代人之间的公平。社会人假设有助于社会的可持续发展，但是它解决的仅仅是同代人的公平问题，对于代际公平问题则无能为力。于是，经济法又"引进"了资源经济学的生态人假设。所谓生态人，就是指顺应生态发展规律，以追求世世代代和谐共存于自然环境为目标的人。根据资源经济学的理论，后代人拥有独立于当代人的利益，人类对后代人的福利负有道义责任，所以资源配置不仅要贯彻代内公平原则，还要贯彻代际公平原则。生态人假设不仅蕴含人与人之间的关系，还有人与自然之间的关系；不仅蕴含当代人之间的关系，还有当代人与后代人之间的关系。经济法生态人假设较之社会人假设而言，与可持续发展理念更加吻合，这是人类法律文明的又一巨大进步。

其次，经济法扬弃了"夜警式"政府和统管式政府之理论，高扬干预式政府理论。夜警式政府，是指资本主义自由竞争阶段的不干预私人经济活动的政府。夜警式政府对市场主体的活动采取放任态度，"看不见的手""统管"经济运行的全过程。夜警式政府有利于调动市场主体的积极性和创造性，有利于最大限度地发挥个人的智慧以促进财富的增加。但在夜警式政府之框架下，无暇顾及经济、社会发展的整体性、综合性、协调性，无法实现可持续发展。统管式政府，是指计划经济时代的社会主义国家对整个国民经济实行高度集权的指令性计划管理的政府。统管式政府在非常时期或特定情况下是非常有效的，它能够在短时期内动员和集中全社会力量投入某项事业的发展，甚至在一定条件下还可以直接控制宏观发展的方向、目标和速度，取得骄人的成绩。苏联以及我国社会主义初期，高度集中的计划经济所取得的良好的效果，即为典型的例证。但是统管式政府并非一种可持续发展的政府模式，它的长期效应并不令人满意，东欧社会主义国家和我国长期以来经济的停滞即为明证。一般而言，统管式政府既不利于微观经济的良性运行，也不利于宏观经济的顺利发展。一方面，统管式政府抑制甚至窒息了微观经济主体对自身发展的欲望和能动性，使微观经济主体无法具备经济人的活力和功能。[①] 另一方面，政府并非万能的，政府决策也并非全部是理性的。政府调节过程的"内部性"问题、寻租行为、信息不完全以及官僚主义等往往导致政府决策的失误，进而造成宏观经济的紊乱。正是基于夜警式政府和统管式政府之缺陷，经济法随之以干预式政府为其政府模式。所谓干预式政府，是指在市场机制的基础上适度干预市场运行的政府，它以自由主义和干预主义经济学的结合为其经济学基础。干预式政府在赞同经济人假设的基础上，给市场主体外加了社会人和生态人的身份，既调动了私权主体参与生产、经营的积极性，又对其"私欲"做了必要的限制。同时，干预式政府还可以借助宏观调控手段促使产业优化升级、避免经济的短期行为和波动现象，以实现国家和社会的协调发展。显然，与经济法有相当亲和力的干预式政府更能促进生态、经济、社会的可持续发展。

第三节 经济法的基本原则

一、经济法基本原则概说

（一）法律原则概说

所谓原则，是指认识、分析、处理事物、事件的准则；所谓法律原则，是指法律调整社会关系和人们行为的准则。法律原则是法律规范产生的基础，是法律制定与实施过程中的指导性要求与标准，它往往集中地体现法的本质和法的价值，反映法的调整对象的客观性与发展规律。

法律原则具有以下特点：第一，抽象性。法律原则是从经济、政治、文化以及法律自身抽象出来的一种规则，它可能是国家政策的定型化，也可能是社会公理的定型化；它不规定具体的权利和义务，不涉及特定的行为模式。法律原则蕴含着更高的道德含义，具有高度的抽象性。第二，稳定性。由于法律原则集中体现了事物的性质和规律，所以稳定性非常显著。正是借助于法律原则的稳定性，法律才保有了较高的稳定性和权威性。第三，指导性。法律原则是超级法律规则，经常在较大的空间和较长的时间内对人们的行为起目的性、价值性和方向性的指导作用。与法律原则的可操作性低相对应，法律原则的指导性

---

① 王全兴. 经济法基础理论专题研究 [M]. 北京：中国检察出版社，2002. 11.

却十分明显。

法律原则在法律的制定和实施过程中有十分重要的作用：①为法律规则和概念提供基础或出发点，对法律的制定和解释具有指导意义。②许多法律原则的作用与规则无异，可直接作为断案的依据。③赋予法官"自由裁量权"，当某一案件的特殊事实导致适用原有规则不公正时，法官可借助法律原则创造法律并做出裁决。

法律原则首先可以分为政策性原则和公理性原则。政策性原则是指一个国家在一定时期内为了在经济、政治、文化等方面实现一定的发展目标、战略任务而需要执行的路线、方针、政策等方略。政策性原则虽具有鲜明的时代特色和民族特色，但并不被西方学者所承认，譬如我国的"计划生育原则"。公理性原则是指从社会关系性质中产生并得到广泛认同的被奉为法律公理的原则，它是严格意义上的法律原则。譬如刑法的罪行法定原则、民法的诚实信用原则等。另外，法律原则还有宪法原则和其他部门法原则之分。宪法原则高于其他部门法原则，其他部门法原则要接受宪法原则的指导和约束。凡是属于宪法性原则，必有若干其他部门法原则相对应使其得以落实和具体化，譬如宪法有"法律面前人人平等原则"，民法、刑法、行政法、诉讼法、经济法等部门法有形态各异的"平等"原则。

（二）经济法基本原则概说

1. 经济法基本原则释义

所谓经济法基本原则，是指经济法调整特定社会关系和人们行为的准则，是超级规则，是制造其他经济法规则的规则。经济法基本原则是经济法律规范产生的基础，是经济法律制定与实施过程中的指导性要求与标准，它往往集中地体现经济法的本质和价值，反映经济法调整对象的客观性与发展规律。

显然，经济法作为法律体系中的一个部门法，其基本原则同样是法律原则的一种。法律原则实质上是法的总原则，即最高原则，当然适用于所有法律部门以及法律部门的各个法的领域。但是，在法律原则之下，各法律部门还有各自的基本原则。这些基本原则虽然要受法律原则的统率，但它们仍有相对的独立性，一句话，法律原则不能代替各部门法原则。同理，法律原则是经济法基本原则产生的依据，经济法基本原则不能也无法超越法律原则的"框架"，但是经济法基本原则同样具有独立性。

经济法基本原则抽象于经济法律规范，贯穿于经济法律规范的全过程，它不仅对经济执法、司法、守法有指导意义，而且对经济立法也有指导意义。具体而言，经济法基本原则的作用在于：第一，经济法基本原则是理解和解释经济法律其他条文的基准。作为经济法中的超级规则，经济法基本原则位于一般经济法律规则之上，是这些规则的高度抽象与概括。因此，经济法基本原则对一般经济法律规则具有指导意义，是理解和解释其他经济法规则的基础。第二，经济法基本原则是法官断案的依据，也是一切经济法主体应遵守的行为准则。第三，当适用一般经济法规则出现歧义时，法官应以经济法基本原则为指导，废弃不符合经济法基本原则之规则含义，做出符合经济法基本原则之"自由裁量"。

2. 经济法基本原则的确立依据

（1）确立经济法基本原则的原因

法律是一种肯定的、明确的、普遍的规范，是一种一般性的陈述，是一种衡量正义与非正义的标准。作为一种普遍性的规范，法律与其所调整的社会关系是稳定的，而社会关系是不断变化的。这些矛盾的存在意味着法律自身具有局限性。为了弥补法律自身的不足，赋予法官以自由裁量权，不失为一种正确的选择。但法官的自由裁量权必须受一定规则的限制，否则可能导致法官徇私枉法的不良后果。法律原则作为一种抽象于具体法律规则的超级规则，既能限制法官的自由裁量权，又不至于拘束法官的手脚，是一种理想的法律弥补途径。

正因为法律原则是由法律自身所固有的矛盾和局限性决定的，所以可以说，只要是法律，就一定有法律原则。经济法也不能例外——如果经济法没有基本原则，它将是不完善的。经济法必须有自己的法律原则即经济法基本原则，原因与法律原则的存在有相似性。第一，经济法规范也是一种普遍性规范。作为一种普遍性规范，它同样具有一定的抽象性、模糊性等特点。这与具有广泛性、复杂性的市场主体之间、政府与市场主体之间的"社会公共性经济关系"有相当的冲突。"社会公共性经济关系"是与时俱进的、变动不居的，而经济法则是相对稳定的。为了解决经济法与其所调整的社会关系之间的矛盾和冲突，为了弥补经济法之局限，确立经济法基本原则非常必要。第二，经济法是市场经济社会特有的一种法律现象，它的宗旨主要是保障市场经济的良性运行。而市场经济是一种比较复杂的经济运行机制，任何人、任何机构都不可能对市场经济的所有具体情况有一个正确全面的认识。显然，经济法不可能穷尽市场经济的一切，也不可能对市场经济的所有具体情况详尽立法。这样，经济法留下的"空白"就要由经济法基本原则来补充。

（2）确立经济法基本原则的依据

经济法是一个独立的部门法，经济法基本原则虽与法律原则有相通处，但经济法基本原则又有其个性。所以在确立经济法基本原则时，既不能将不属于法律原则的东西（譬如自然规律、思维规律等）确立为经济法基本原则，也不能将法律的最高原则（譬如公平原则、效率原则等）确立为经济法基本原则。经济法基本原则虽属于法律原则的范畴，但只能将次高一级的法律原则确立为经济法基本原则。同时，经济法各部门法都有自己的基本原则，譬如反垄断法的反垄断原则，这些原则也不能成为经济法的基本原则。经济法基本原则的确立应该遵循以下准则：

第一，反映经济法的特质。经济法基本原则是经济法所调整的社会关系对经济法调整的特殊需求的集中反映，它与经济法的本质一样，是区别于其他法律部门的重要标志。所以，凡属法的一般原则或其他部门法的基本原则，都不应作为经济法的基本原则。

第二，体现经济法的基本内容。经济法的基本原则应当是经济法基本内容的集中表现，所以经济法的基本原则应该能够涵盖经济法的所有内容或者是最主要的内容，否则与基本原则的内涵不符。

第三，具有经济法规范的性质。作为经济法的超级规则，经济法基本原则当然属于经济法规则的一种。所以，经济法基本原则与经济法的其他规则一样，应具有法律规范的一般性质，譬如可操作性、可适用性、可诉性，等等。不具有经济法规则性质的东西譬如经济规律就不能成为经济法的基本原则。

第四，指导经济法规则的适用。经济法基本原则是具体经济法制度的渊源，具体经济法制度是经济法基本原则的展开，经济法基本原则与具体经济法制度之间的关系是纲与目、源与流的关系。所以，经济法基本原则可以也应当作为理解和解释具体经济法律制度的基准，在具体经济法律制度的适用过程中，经济法基本原则无疑具有指导意义。

二、经济法的基本原则

（一）诚实信用原则

所谓诚实信用原则，是市场经济活动中形成的道德规则，"它要求人们在市场活动中讲究信用，恪守诺言，诚实不欺，在不损害他人利益和社会利益的前提下追求自己的利益"[1]。一切利用不正当手段进行竞争的行为，都是对诚实信用原则的违反。

诚实信用原则长期以商业习惯的形式存在。譬如，在清代商事习惯法中，诚实信用原则无处不在。首先，诚实信用原则的实践从商事活动之始起。"行户开市生理，务须公平交易，无得骗买欺卖，尔诈我虞。"其次，许多商人努力践行诚信原则，因为，"天之所助者顺也，人之所助者信也"，诚信通商，财源茂盛。最后，清代各行各业的商人自治法中对诚信原则都有具体的规定。

---

[1] 梁慧星. 民法总论 [M]. 北京：法律出版社，2007. 07.

19世纪末20世纪初,"毫无限制的契约自由和自由放任主义已经造成种种弊端以致各种社会矛盾空前激化,经济危机更加频繁和深重,社会经济生活动荡不堪。为了协调各种社会矛盾和冲突,立法者开始注重道德规范的调整作用,将诚实信用等道德规范引入法典,成为近现代民法的重要原则"[①],也成为经济法的重要原则。

如前文所言,经济法调整的是市场主体之间和政府与市场主体之间具有社会公共性的经济关系。市场主体在市场竞争和市场交易过程中须秉持诚实信用原则,自不待言;政府在处理自己与市场主体之间的关系时亦应该坚持诚实信用原则,亦在情理中——政府也要诚信,或者说,政府要更加诚信。在市场竞争(或市场交易)、市场监管(或宏观调控)过程中,无论哪一方都不能损害他人或社会利益,要符合"诚实经营者""诚实消费者""诚实监管者"等角色的道德标准,在不损害其他竞争者、不损害社会公益和市场道德秩序的前提下,"以符合其社会经济目的的方式行使自己的权利","追求自己的利益"。[②]

诚实信用原则已"上升为涵盖整个私法领域的基本原则,由补充性规定上升为强行性规定"[③],那还能成为经济法的基本原则吗?我们认为能。首先,诚实信用原则已成为市场经济社会的基本准则,这种准则原本仅是道德规则,现在已成为法律规则,所有市场主体都应该遵守。市场经济社会,市场对资源的配置要起决定性的作用,政府调节应该是补充性的,政府不能越俎代庖,也就是说,政府实际上也是市场主体之一,理应遵守诚实信用原则。其次,民商法是市场经济社会的基础法,经济法是市场经济社会的基本法,诚实信用原则同时为民商法和经济法的基本原则,既符合法理,也与市场实际相吻合。最后,经济法的本质是社会法,以追求社会利益为本位。但经济法并没有否认市场机制,没有否认私人利益,恰恰相反,经济法是建立在承认市场成功、承认私人利益的基础上的。而且,诚实信用原则之所以成为民商法的"帝王条款"[④],与19世纪后期法律思想从个人本位转变为社会本位密切相关。进入现代市场经济社会后,市场竞争更为激烈,市场关系更为复杂,不得不更加倚重法官的能动性,其结果是诚实信用原则的地位一再提高。[⑤]

(二) 公平竞争原则

所谓公平竞争,是指市场主体之间所进行的公开、平等、公正的竞争。公平竞争原则

---

① 梁慧星. 民法总论 [M]. 北京:法律出版社,2007.07.
② 梁慧星. 民法总论 [M]. 北京:法律出版社,2007.07.
③ 梁慧星. 民法总论 [M]. 北京:法律出版社,2007.07.
④ 王泽鉴. 民法学说与判例研究 [M]. 北京:中国政法大学出版社,2003.09.
⑤ 梁慧星. 民法总论 [M]. 北京:法律出版社,2007.07.

要求各个竞争者在同一市场条件下共同接受价值规律的作用机制及其评判,并独立承担竞争的结果。所以,公平竞争可以调动市场主体的积极性,使其不断提升产品质量和服务水平,进而推动整个行业乃至社会的进步。

竞争是市场经济的"离合器",是市场的原生动力。竞争对经营者而言,意味着评判其业绩的标准只能是市场;竞争也只回应一种意志需要——经营者与消费者的意志。这种意志在竞争的初级阶段是真实的、自由的,但由于个人素质的不同和机遇的差异,市场竞争的结果往往会因人而异甚至大相径庭。而且这种竞争结果的不平等具有累加性:它使每个人在下次竞争中处于不同的起点上——上次竞争的优胜者将处于更有利的地位,上次竞争的失败者则由于其处于更为不利的地位而具有更高的失败概率——这种起点的不平等将导致优胜者会以更快的速度前进,失败者则以更慢的速度前行。如此累加的结果是不言而喻的,那就是自由竞争的结果会将其本身埋葬。自由竞争的"灭失"意味着市场机制的崩溃,此时法律特别是经济法将会发挥其"干预市场"之功能,以恢复自由竞争之市场机制。经济法以公平竞争原则为其基本原则,反映了社会化市场经济的内在要求,从中也可以看出经济法的"后发优势"。经济法的公平竞争原则不仅体现在竞争法即反垄断法和反不正当竞争法中,还体现在它所有的子法中,譬如计划调控法、产业调控法、财政调控法、税收调控法、价格调控法、产品质量法、消费者权益保护法等都有公平竞争的问题。

公平竞争原则的出现,是通过国家的"有形之手"来纠正市场的"无形之手"所导致的弊端,同时又力求使"无形之手"在最大范围内、最大限度上发挥作用的产物。经济法的公平竞争原则绝不是对市场主体的一般性要求,它更多的是从宏观层次上追求充分、适度的市场竞争,以实现社会利益的最大化。经济法往往通过设置公平竞争规则和重置诚信规范来达到它的目的。第一,设置公平竞争规则。经济法通过反垄断法等法律制度设置公平竞争规则,以防止独占与垄断发生。虽然垄断等现象的出现可能是契约自由和竞争自由的结果,但垄断一旦形成,将会直接影响其他竞争者的竞争自由和消费者的消费自由。所以,为了消除垄断的消极作用,保持竞争者之间的力量均衡状态和竞争者与消费者之间的选择均衡状态,至关重要。第二,重置诚信规范。在自由竞争的机制下,善意竞争与恶意竞争往往是并存的。而恶意竞争或不正当竞争常常导致市场机制的扭曲,进而损害善意竞争者和消费者的利益。经济法通过反不正当竞争法等法律制度设置诚信规范,以防止恶意竞争和不正当竞争的发生。

经济法的公平竞争原则,并不仅仅指对市场的干预和对恶意竞争者的规制,同时还指对政府的干预。虽然"经济活动的自由,原本意指法治下的自由,而不是说完全不要政府的行动"①，但是政府毕竟是一种不得不接受的"恶"，所以政府调节的结果往往不能令人满意甚至事与愿违，干预政府以避免"政府失灵"就成了经济法公平竞争原则的应有之义。根据经济法的公平竞争原则，政府在为宏观调控或市场规制行为时，必须做到两点：第一，资源分配以市场为主要机制。在市场经济体制下，以市场机制为资源分配的主要机制无疑是正确的，政府应该尊重此"游戏规则"，政治国家在介入"私域"时应该慎重而适度。第二，经济政策以民主为重要原则。在现代社会中，国家治理社会与经济的基本规范仍以经济政策为主，这当然是可行的。但应该注意的是，经济政策必须以民主为其重要原则，政府的经济管理和市场操作都要做到公开、公平、公正，不得违背、破坏公平竞争之原则。

（三）社会利益优位原则

所谓社会利益优位，是指政府和市场主体在考虑自身利益与社会利益的关系时，应当将社会利益放在首位。社会利益优位原则并不要求政府或市场主体牺牲自身的利益，而是首先要保护社会利益，这是经济法的使命使然。

利益本意为"利息"，也可以理解为"好处"。利益往往意味着人与人之间的某种关系，所以利益需要法律调整，法律的功能也在于调节各种错杂和冲突的利益。利益作为存在于法律之外的一个出发点，可以分为个人利益、公共利益和社会利益。这是庞德的观点。庞德认为，个人利益是"直接涉及个人生活并以个人生活名义所提出的主张、要求或愿望"，公共利益是"涉及政治组织社会的生活并以政治组织生活名义提出的主张、要求或愿望"，社会利益是"涉及文明社会的社会生活并以这种生活的名义提出的主张、要求或愿望"。而社会利益除了其他内容外，还包括一般安全利益、个人生活方面的利益、保护道德的利益、保护社会资源（自然资源和人力资源）的利益以及经济、政治和文化进步方面的利益，等等。②

任何时代的历史活动都是由无数单个的具体个人的社会活动所构成，个人作为历史活动的主体是整个人类历史最基础的单元。因此，个人利益作为一种私人利益，是利益动力结构的原始细胞和基础。没有个人利益，不承认个人利益，整个社会将失去发展的原动力。由于政府常常是公共利益的代表，所以公共利益往往表现为国家利益。而社会利益可以说是个人利益与国家利益的中间地带。社会利益就其本性而言，是一种个人利益、私人

---

① [英] 弗里德利希·冯·哈耶克. 邓正来译. 自由秩序原理：下 [M]. 北京：生活·读书·新知三联书店，1997. 12.

② [美]. E·博登海默. 邓正来译. 法理学：法律哲学与法律方法 [M]. 北京：中国政法大学出版社，2017. 07.

利益，譬如，雇佣关系中雇工的利益、消费关系中消费者的利益等。由于个人、社会、国家都有各自独立的利益追求，为了各自的利益，都会采取有利于自己的行动，都会努力使自己的利益最大化，这样就出现了利益之间的冲突。即使本性相同的社会利益和个人利益之间也有冲突，一人利益的被满足并不意味着整个社会利益也被满足。为了调节、平衡各主体之间的利益关系，法律这种利益调节器便应运而生了。根据传统的法学理论，民商法以个人利益为本位，行政法以国家利益为本位。显而易见，它们都不适合于做社会利益平衡之调节器。而晚生的经济法则既不同于民商法，也不同于行政法。由于经济法是对民商法和行政法的"超越"，深具后发优势，所以，由经济法充任社会利益调节器，实为游刃有余。因为在经济法看来，国家不以营利为目的，"不与民争"，能够为国民有效地提供公共物品，并能取信于民、得到人民的信任。在经济法世界里，国家在介入"社会域"后，以社会利益为本位逐渐地形成了一种全新的社会调节机制，包括：政府调节措施、社会促进措施、社会应急措施，等等。这些措施的运用，增进了人类社会的共同福祉，促进了社会的均衡发展，加强了人类社会的团结合作。

可见，经济法不仅像民商法那样关注个人利益，也不仅像行政法那样侧重于国家利益的保护，经济法是在更高、更广泛的层次上全面兼顾各类主体的利益，尤其是优先保障社会利益的实现。经济法的使命正在于使社会利益得以实现，使那些类似于雇工、消费者和中小企业等弱势群体的利益有可靠的法律保障。如果有谁损及社会利益，经济法就会适时而动，用"国家之手"来矫正"无形之手"，以实现社会利益的最大化。

(四) 协调发展原则

所谓协调发展，是指正确处理发展中的重大关系，注重解决发展不平衡问题，不断增强发展的整体性，以实现持续健康发展。协调发展不是单个系统或要素的"增长"，而是多个系统或要素在"协调"的约束和规定下的综合发展和全面发展。

经济法立法必须以促进自然、经济、社会的全面结合、协调发展为己任。经济法应对社会发展的眼前利益和长远利益、局部利益和整体利益进行全盘考虑，做出在经济发展过程中同步对其外部不经济性进行规制的立法选择，贯彻可持续的立法理念，提高社会发展的质量。

1. 市场主体之间的协调

众所周知，注重私人利益的民商法很难有效地协调市场主体以促进社会整体利益。经济法则不同，它以社会利益为本位，通过不断寻求个体与社会利益之间的平衡点来协调不同市场主体之间的关系，进而实现市场主体之间的协调。第一，经营者之间的协调。经济法较之民法更注重实质的正义和公平，不仅保护机会公平，同时站在更高的角度维护结果的公平。反垄断法和反不正当竞争法的目的就是为了营造公平和谐的经济环境，维护实质的公平。第二，经营者与消费者之间的协调。经济法超越了民商法"一体保护"之原则，对消费者给予特殊保护。经济法以经营者为中心的观念也正在发生变化，以消费者为核心的主体结构体系正在形成，经济法"以人为本"的思想及其人文关怀的精神日渐浓厚。

2. 经济结构与资源配置的协调

经济结构的安排、资源配置的合理与否会对生产目的的最终实现与社会再生产的良性循环产生重大影响，进而影响到社会整体效益的实现。经济法作为一种宏观把握经济脉搏的法，它所关注的不只是眼前的私人利益，更是从整体上追求国民经济的可持续发展。从产业结构看，中国经济法应有意识地优化产业结构，稳步发展农业和基础设施产业，实现产业结构的合理化，为社会整体效益的可持续发展奠定基础；从地区经济结构看，中国经济法应适时制定中西部发展战略和振兴东北老工业基地战略，发动"东西互动的两个轮子"；从资源配置看，中国经济法应充分发挥宏观调控法在资源配置方面特有的难以为市场机制所替代的功能。

3. 区域之间的协调

由于资源的不均衡以及运用资源方式的不同，区域之间的不平衡经常发生，我国东、中、西部地区之间发展的不协调已然形成。以西部地区为例，虽然改革开放以来，我国西部地区经济社会发展取得历史性成就，但西部地区发展不平衡不充分问题依然突出，巩固脱贫攻坚任务依然艰巨，与东部地区发展差距依然较大。新时代继续做好西部大开发工作，促进区域协调发展，推动西部地区形成大保护、大开放、高质量发展新格局，确保2035年基本实现社会主义现代化，实现不同类型地区互补发展、东西双向开放协同并进，是协调发展的应有之义。

4. 城乡之间的协调

改革开放四十多年来，经过艰苦卓绝的努力，我国的农村发生了翻天覆地的变化，我们已实现全面建成小康社会的宏伟目标。但是，我们的城乡差距依然存在，主要表现在：城乡居民收入差距、教育差距、医疗差距、消费差距、就业差距、政府公共投入差距等方面。习近平总书记强调：我们要"推动城乡协调发展，健全城乡发展一体化体制机制，健全农村基础设施投入长效机制，推动城镇公共服务向农村延伸，提高社会主义新农村建设水平"。经济法的协调发展原则其内涵当然也包括城乡之间的协调发展。我国的计划调控法、产业调控法、财政调控法、金融调控法、对外贸易调控法等经济法律法规也明确规定要推动城乡一体化发展，实现城乡之间的协调共赢。

5. 经济全球化与民族产业保护的协调

从经济法的视角来观察，中国加入世贸组织意味着成员国政府将参与双重法律关系，充当国际国内双重主体。加入WTO以后，政府往往面临双重压力：一方面要减少政府调节，培育开放、竞争的市场，促进经济高速发展；另一方面又要努力克服经济全球化对本国的负面影响，避免因削弱政府管制导致国家经济基础遭受外部市场力量的过度冲击。因此，在经济全球化的背景下解决"如何限制政府"和"政府如何干预"的问题，是经济全球化对经济法提出的最大挑战。为此，经济法的创新与完善应当做到：一方面，履行加入世贸组织的承诺，遵守WTO各项规则的要求，与WTO自由贸易制度相接轨；另一方面，要立足于维护国家和民族利益，充分利用WTO规则赋予发展中国家的特殊优惠政策，在民族产业保持较快发展速度的同时实现加入世贸组织的平稳过渡。兼顾经济全球化与民族产业的保护，是经济法协调发展原则的又一具体表现。

（五）环境保护原则

所谓环境保护，是指人类社会要合理利用自然资源，防止环境污染和生态破坏，以实现经济、社会、环境的可持续发展。随着经济的快速发展，环境和生态问题日益突出，地球不堪重负，环境保护原则也随即成为民商法、经济法、环境法等法律部门的基本原则。

人类活动是狭义环境问题产生的主要原因，所以，生态环境问题不仅属于环境科学领域，而且属于法学等社会科学领域。从经济分析的角度看，环境资源问题主要是一个经济问题，环境资源退化主要是各种不适当的经济活动、经济机制的产物。[1] 环境问题与"市场失灵"密切相关，传统的自由放任的市场经济体制，难以顾及环境资源价值和外部不经济性；环境问题也与产权"不清晰"紧密相连，传统的全面管控的计划经济体制，容易产生浪费、滥用和不珍惜自然资源的"共有地悲剧"。[2] 在全面依法治国的新时代，破解生态环境问题当然需要法律手段。一方面，生态环境问题是市场失灵的表现，需要政府适度干预并纠正环境资源领域长期以来存在的"外部性"问题；另一方面，环境资源领域存在的政府失灵同样需要社会公众广泛、深入的参与才能满足解决当代环境问题的紧迫需求。我们发现，以有效应对市场失灵和政府失灵为其重要使命的经济法，将环境保护作为其基本原则之一，既合情合理又非常重要。

---

[1] 陈德敏. 环境与资源保护法 [M]. 武汉：武汉大学出版社，2011.08.
[2] 陈德敏. 环境与资源保护法 [M]. 武汉：武汉大学出版社，2011.08.

第三章 公司法律制度

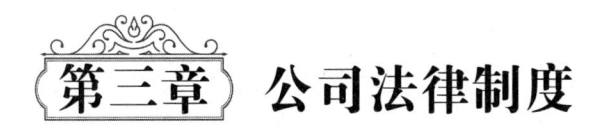

第一节 公司与公司法

一、公司的概念与特征

公司，是指股东承担有限责任的营利性法人。它具有以下法律特征：

（一）法人性

公司具有独立的法律人格，享有独立主体地位，其独立主体地位由法律所赋予。公司独立的法律人格让它区别于股东、管理者等公司成员而独立存在。法人性是公司区别于合伙企业、独资企业的显著特征。

（二）社团性

公司是社团法人，以社员的集合为成立基础。法律区分公司的不同性质，并规定了不同的公司成员人数要求。一人公司现已被我国公司法律制度认可，公司社团性特征也随之突破。

（三）营利性

股东设立公司的目的在于经营获利，公司经营所取得的利润应分配于股东。此外，公司营利活动应具备连续性和稳定性。

（四）法定性

公司是最活跃、最重要的市场主体，受到国家法律相对严格的规制。公司法定性体现为：公司类型法定，不得任意创设；公司内容法定，《中华人民共和国公司法》明确规定各类公司的财产关系与组织关系;公司公示法定,公司依法登记事项及其文件不仅应设置于登记机关,还应公示以备交易相对人查阅。

二、公司的种类

1. 以股东对公司债务所负的责任为标准,可以将公司分为无限责任公司、有限责任公司、股份有限责任公司、两合公司与股份两合公司。

无限责任公司,是指股东对公司债务承担无限连带责任的公司。无限公司是各类公司中最早出现的公司,存在于大陆法系国家,英美法系及我国都将其视为普通合伙。

有限责任公司,是指股东以其出资额为限对公司债务承担责任,而公司以其全部资产对其债务承担责任的公司。

股份有限责任公司,是指公司全部资本划分为等额股份,股东以其所认购的股份为限对公司债务承担责任,公司以其全部资产对其债务承担责任的公司。

两合公司,是指由无限责任股东和有限责任股东共同组成,无限责任股东对公司债务负无限连带责任,有限责任股东对公司债务仅以其出资额为限承担有限责任的公司。

股份两合公司,是指由无限责任股东和有限责任股东共同出资设立的公司,无限责任股东对公司债务负无限连带责任;有限责任部分则划分为股份,可以发行股票,其股东仅以其认购的股份对公司债务承担责任。

2. 以公司信用基础的不同为标准,可以将公司分为人合公司、资合公司和人合兼资合公司。

人合公司,是指以股东个人信用作为公司信用基础的公司。人合公司中股东结合的基础是股东个人信用,公司经营活动的基础也是股东个人信用,而不是公司的资本。

资合公司,是指以公司资本和资产条件作为其信用基础的公司。在资合公司中,其信用基础是公司资本而非股东个人信用。

人合兼资合公司,是指兼具人合公司和资合公司两种属性的公司。在人合兼资合公司中,股东个人信用和资本共同作为公司信用的基础。

3. 以公司的股份是否可以公开发行和自由转让为标准,可以将公司分为封闭式公司和开放式公司。

封闭式公司,又称为不上市公司或非公开招股公司,是指依据公司法设立的,股东人数有所限制,不能对外公开发行股份,股东的出资证明也不能在证券交易所公开交易的公司。

开放式公司,又称为上市公司或公开招股公司,是指公司可以向社会公开发行股票,股东持有的股份可以在证券交易所公开交易的公司。

4. 以公司之间的控制与从属关系为标准，可以将公司分为母公司和子公司。

母公司也称控股公司，是指因拥有其他公司一定比例股份或者通过协议方式可以控制或支配其他公司的公司。

子公司是与母公司相对应的概念，是指全部股份或达到控股程度的股份被另一个公司控制，或者依照协议被另一个公司实际控制的公司。子公司具有法人资格，依法独立享有民事权利、承担民事责任。子公司又分为全资子公司和控股子公司。

5. 以公司内部的管辖关系为标准，可以将公司分为本公司和分公司。

本公司，是指管辖公司全部组织的总机构，就是通常所说的总公司。

分公司，是指被总公司所管辖的公司分支机构。公司的分支机构没有独立的名称、章程，没有独立的财产，不具有法人资格。

6. 以公司的股票是否在证券交易所公开挂牌交易为标准，可以将公司分为上市公司和非上市公司。

上市公司，是指所发行的股票经过国务院或者国务院授权的证券管理部门批准在证券交易所上市交易的股份有限公司。

非上市公司，是指其股票没有上市和没有在证券交易所交易的股份有限公司。

上市公司是股份有限公司的一种，这种公司到证券交易所上市交易，除了必须经过批准外，还必须符合一定的条件。

三、公司法

（一）公司法的概念

公司法是调整公司的设立、组织、管理、运营、解散、清算法律关系的法律规范总称。公司法调整的法律关系以公司内部法律关系为主，包括公司、股东、管理层之间的权利义务关系，故公司法主要表现为组织法规范。同时，它也调整一定范围的公司对外法律关系，主要限于公司与特定交易相对人之间的关系。

（二）公司立法

1992 年，国家经济体制改革委员会制定并发布了《有限责任公司规范意见》和《股份有限公司规范意见》，这是我国最早的公司立法。1993 年 12 月 29 日，第八届全国人民代表大会常务委员会第五次会议通过的《中华人民共和国公司法》是我国第一部公司法，它标志着我国企业立法彻底打破所有制企业立法模式，回归企业组织立法体系。1999年、2004年、2005年、2013年、2018年，全国人民代表大会常务委员会先后五次对公司法进行了修改。

（三）公司法的基本原则

1. 独立法人原则

公司法规定，公司企业是产权关系明晰的独立法人。公司享有由股东出资形成的全部法人财产权，依法享有民事权利，承担民事责任。股东以其认缴的出资额为限对公司承担责任。

2. 公司自治原则

公司自治，是指公司事务由公司主体及其参与人自主决策，并独立享受决策收益、承担决策后果，不受国家干预。

3. 股东平等原则

股东平等原则，是指在各股东之间基于股东身份发生的法律关系中，应平等对待股东。股东平等包括股东法律人格平等；同股同权，抽象的股东权利内容相同。

4. 制衡管理原则

公司法规定，公司实行权力机构、管理机构、监督机构相互监督、互为制约的内部管理原则。权力机构选举产生管理机构，管理机构负责执行权力机构的决议及日常生产经营，监督机构负责对公司日常经营活动予以监督。此外，公司在做出涉及职工切身利益的决策以及研究决定改制和经营方面的重大问题、制定重要的规章制度时，应当听取公司工会的意见，并通过职工代表大会或者其他形式听取职工的意见和建议。

第二节　有限责任公司

一、有限责任公司的设立

有限责任公司，是指由50个以下股东投资设立，每个股东以其认缴出资额为限对公司承担责任，公司以其全部财产对公司的债务承担责任的公司。

(一) 有限责任公司的设立条件

1. 股东符合法定人数

有限责任公司由 50 个以下的股东出资设立,允许设立一人有限责任公司。股东既可以是自然人,也可以是法人;股东人数既包括参与公司设立的原始股东,也包括公司成立后的新增股东。

2. 有符合公司章程规定的全体股东认缴的出资额

有限责任公司的注册资本为在公司登记机关登记的全体股东认缴的出资额。除法律、行政法规以及国务院决定对有限责任公司注册资本实缴、注册资本最低限额另有规定外,公司法没有规定有限责任公司的最低注册资本限额和出资期限。

3. 股东共同制定公司章程

公司章程是公司成立的基础,是公司规范自身组织和行为的基本自治性规则。设立公司必须依法制定公司章程。公司章程对公司、股东、董事、监事、高级管理人员具有约束力。设立有限责任公司必须由股东共同制定公司章程,股东应当在公司章程上签名、盖章。

有限责任公司章程应当载明下列事项:公司名称和住所;公司经营范围;公司注册资本;股东的姓名或者名称;股东的出资方式、出资额和出资时间;公司的机构及其产生办法、职权、议事规则;公司法定代表人;股东会会议认为需要规定的其他事项。

4. 有公司名称,建立符合有限责任公司要求的组织机构

依法设立有限责任公司,公司名称中须标明"有限责任公司"或"有限公司"字样,公司名称构成须符合有关法律、行政法规的规定。同时,公司必须按照公司法的规定建立组织结构。

5. 有公司住所

公司以其主要办事机构所在地为住所。办事机构所在地指执行公司的业务活动、决定和处理公司事务的机构的所在地。公司有多个办事机构时,以主要办事机构所在地为公司的住所。

(二) 有限责任公司的出资制度

1. 出资形式

股东可以用货币出资,也可以用实物、知识产权、土地使用权等可以用货币估价并可以依法转让的非货币财产作价出资。股东不得以劳务、信用、自然人姓名、商誉、特许经营权或设定担保的财产作价出资。

对作为出资的非货币财产应当评估作价，核实财产，不得高估或者低估作价。承担资产评估的机构因其出具的评估结果，给公司债权人造成损失的，除能够证明自己没有过错的外，在其评估或者证明不实的金额范围内承担赔偿责任。

2. 出资要求

股东应当按期足额缴纳公司章程中规定的各自所认缴的出资额。股东以货币出资的，应当将货币出资足额存入有限责任公司在银行开设的账户；以非货币财产出资的，应当依法办理其财产权的转移手续。实物出资中的"实物"包括动产和不动产。动产物权转移以交付为要件；船舶、航空器、机动车等特殊动产，物权转移未经登记的，不得对抗善意第三人；不动产物权的转移以登记为要件。土地使用权出资不仅须交付土地，还须办理相应登记手续，才算恰当履行出资义务。

股东不按照前款规定缴纳出资的，除应当向公司足额缴纳外，还应当向已按期足额缴纳出资的股东承担违约责任。

3. 抽逃出资

公司法规定，公司成立后，股东不得抽逃出资。股东有下列情形之一的，可认定为抽逃出资：制作虚假财务会计报表虚增利润进行分配；通过虚构债权债务关系将其出资转出；利用关联交易将出资转出；其他未经法定程序将出资抽回的行为。

(三) 有限责任公司的设立登记

股东认足公司章程规定的出资后，由全体股东指定的代表或者共同委托的代理人向公司登记机关报送公司登记申请书、公司章程等文件，申请设立登记。法律、行政法规规定设立公司必须报经批准的，应当在公司登记前依法办理批准手续。符合《公司法》规定的设立条件的，由公司登记机关分别登记为有限责任公司或者股份有限公司；不符合《公司法》规定的设立条件的，不得登记为有限责任公司或者股份有限公司。公司营业执照签发日期为公司成立日期。公司营业执照应当载明公司的名称、住所、注册资本、经营范围、法定代表人姓名等事项。公司营业执照记载的事项发生变更的，公司应当依法办理变更登记，由公司登记机关换发营业执照。

二、有限责任公司的组织机构

(一) 股东会

1. 股东会的组成和职权

有限责任公司股东会由全体股东组成，股东会是公司的权力机构。股东会行使下列职权：决定公司的经营方针和投资计划；选举和更换非由职工代表担任的董事、监事，决定有关董事、监事的报酬事项；审议批准董事会的报告；审议批准监事会或者监事的报告；审议批准公司的年度财务预算方案、决算方案；审议批准公司的利润分配方案和弥补亏损方案；对公司增加或者减少注册资本作出决议；对发行公司债券作出决议；对公司合并、分立、解散、清算或者变更公司形式作出决议；修改公司章程；公司章程规定的其他职权。

2. 股东会会议的召开

股东会会议分为定期会议和临时会议。首次股东会会议由出资最多的股东召集和主持，出资最多指向公司实际缴付的出资最多。定期会议应当依照公司章程的规定按时召开。代表 1/10 以上表决权的股东，1/3 以上的董事，监事会或者不设监事会的公司的监事提议召开临时会议的，应当召开临时会议。

有限责任公司设立董事会的，股东会会议由董事会召集，董事长主持；董事长不能履行职务或者不履行职务的，由副董事长主持；副董事长不能履行职务或者不履行职务的，由半数以上董事共同推举 1 名董事主持。有限责任公司不设董事会的，股东会会议由执行董事召集和主持。董事会或者执行董事不能履行或者不履行召集股东会会议职责的，由监事会或者不设监事会的公司的监事召集和主持；监事会或者监事不召集和主持的，代表 1/10 以上表决权的股东可以自行召集和主持。

召开股东会会议，应当于会议召开 15 日前通知全体股东；但是，公司章程另有规定或者全体股东另有约定的除外。股东会应当将所议事项的决定做成会议记录，出席会议的股东应当在会议记录上签名。

3. 股东会的决议

股东会会议由股东按照出资比例行使表决权；但是，公司章程另有规定的除外。股东会的议事方式和表决程序，除公司法有规定的外，由公司章程规定。股东会会议作出修改公司章程、增加或者减少注册资本的决议，以及公司合并、分立、解散或者变更公司形式的决议,必须经代表 2/3 以上表决权的股东通过。

(二) 董事会

1. 董事会的组成和职权

有限责任公司设董事会,其成员为 3~13 人。两个以上的国有企业或者两个以上的其他国有投资主体投资设立的有限责任公司,其董事会成员中应当有公司职工代表;其他有限责任公司董事会成员中可以有公司职工代表。董事会中的职工代表由公司职工通过职工代表大会、职工大会或者其他形式民主选举产生。

董事会设董事长 1 人,可以设副董事长。董事长、副董事长的产生办法由公司章程规定。董事任期由公司章程规定,但每届任期不得超过 3 年。董事任期届满,连选可以连任。董事任期届满未及时改选,或者董事在任期内辞职导致董事会成员低于法定人数的,在改选出的董事就任前,原董事仍应当依照法律、行政法规和公司章程的规定,履行董事职务。

董事会对股东会负责,行使下列职权:召集股东会会议,并向股东会报告工作;执行股东会的决议;决定公司的经营计划和投资方案;制订公司的年度财务预算方案、决算方案;制订公司的利润分配方案和弥补亏损方案;制订公司增加或者减少注册资本以及发行公司债券的方案;制订公司合并、分立、解散或者变更公司形式的方案;决定公司内部管理机构的设置;决定聘任或者解聘公司经理及其报酬事项,并根据经理的提名决定聘任或者解聘公司副经理、财务负责人及其报酬事项;制定公司的基本管理制度;公司章程规定的其他职权。

2. 董事会会议

董事会会议由董事长召集和主持;董事长不能履行职务或者不履行职务的,由副董事长召集和主持;副董事长不能履行职务或者不履行职务的,由半数以上董事共同推举 1 名董事召集和主持。

董事会的议事方式和表决程序,除公司法有规定的外,由公司章程规定。董事会应当将所议事项的决定做成会议记录,出席会议的董事应当在会议记录上签名。董事会决议的表决,实行一人一票。董事会是集体行使权力的机构,而不是一个由董事长或者副董事长个人负责的机构,每个董事可以各负其责,但由董事会整体对股东会负责。

3. 经理

有限责任公司可以设经理,由董事会决定聘任或者解聘。

经理对董事会负责,行使下列职权:主持公司的生产经营管理工作,组织实施董事会决议;组织实施公司年度经营计划和投资方案;拟订公司内部管理机构设置方案;拟定公司的基本管理制度;制定公司的具体规章;提请聘任或者解聘公司副经理、财务负责人;决定聘任或者解聘除应由董事会决定聘任或者解聘以外的负责管理人员;董事会授予的其他职权。公司可根据自身情况通过公司章程对经理职权另行规定,章程规定的经理职权范围可小于或大于上述职权范围。经理列席董事会会议。

(三) 监事会

1. 监事会的组成和职权

监事会是依照法律规定和公司章程规定,代表公司股东和职工对公司董事会、执行董事和经理依法履职情况进行监督的机关。

有限责任公司设监事会,其成员不得少于3人。股东人数较少或者规模较小的有限责任公司,可以设1~2名监事,不设监事会。监事会应当包括股东代表和适当比例的公司职工代表,其中职工代表的比例不得低于1/3,具体比例由公司章程规定。监事会中的职工代表由公司职工通过职工代表大会、职工大会或者其他形式民主选举产生。监事会设主席1人,由全体监事过半数选举产生。董事、高级管理人员不得兼任监事。

监事的任期每届为3年。监事任期届满,连选可以连任。监事任期届满未及时改选,或者监事在任期内辞职导致监事会成员低于法定人数的,在改选出的监事就任前,原监事仍应当依照法律、行政法规和公司章程的规定,履行监事职务。这是基于监事诚信义务的要求。

监事会、不设监事会的公司的监事行使下列职权:检查公司财务;对董事、高级管理人员执行公司职务的行为进行监督,对违反法律、行政法规、公司章程或者股东会决议的董事、高级管理人员提出罢免的建议;当董事、高级管理人员的行为损害公司的利益时,要求董事、高级管理人员予以纠正;提议召开临时股东会会议,在董事会不履行本法规定的召集和主持股东会会议职责时召集和主持股东会会议;向股东会会议提出提案;对妨碍监事会或者监事行使职权的董事、高级管理人员提起诉讼的权利。各公司还可以根据实际情况,在章程增设监事会或监事的职权。监事会应以整体名义行权,在没有监事会的情况下,才由单个监事行使。此外,监事可以列席董事会会议,并对董事会决议事项提出质询或者建议。监事会、不设监事会的公司的监事发现公司经营情况异常,可以进行调查;必要时,可以聘请会计师事务所等协助其工作,费用由公司承担。

2. 监事会会议

监事会每年度至少召开一次会议，监事可以提议召开临时监事会会议。监事会主席召集和主持监事会会议；监事会主席不能履行职务或者不履行职务的，由半数以上监事共同推举1名监事召集和主持监事会会议。监事会的议事方式和表决程序，除公司法有规定的外，由公司章程规定。监事会决议应当经半数以上监事通过。监事会应当将所议事项的决定做成会议记录，出席会议的监事应当在会议记录上签名。

三、一人有限责任公司

一人有限责任公司，是指只有一个自然人股东或者一个法人股东的有限责任公司。一个自然人只能投资设立一个一人有限责任公司。该一人有限责任公司不能投资设立新的一人有限责任公司。一人有限责任公司应当在公司登记中注明自然人独资或者法人独资，并在公司营业执照中载明。

一人有限责任公司章程由股东制定。一人有限责任公司虽然只有一个股东，但公司章程必要记载事项与其他有限责任公司要求一致，且股东应在公司章程上签名盖章。

一人有限责任公司不设股东会。股东依职权作出股东决议时，应当采用书面形式，并由股东签名后置备于公司。一人有限责任公司应当在每一会计年度终了时编制财务会计报告，并经会计师事务所审计。

一人有限责任公司的股东不能证明公司财产独立于股东自己的财产的，应当对公司债务承担连带责任。故股东财产应与公司财产相分离，产权清晰，便于市场经济稳健发展及更好保障一人公司债权人利益。

四、国有独资公司

国有独资公司，是指国家单独出资、由国务院或者地方人民政府授权本级人民政府国有资产监督管理机构履行出资人职责的有限责任公司。国有独资公司股东具有单一性、特定性特点，即股东仅有一人，且只能是国家并由国有资产监督管理机构履行出资人职责。国有独资公司章程由国有资产监督管理机构制定，或者由董事会制订报国有资产监督管理机构批准。

国有独资公司不设股东会，由国有资产监督管理机构行使股东会职权，国有资产监督管理机构可以授权公司董事会行使股东会的部分职权，决定公司的重大事项，但公司的合并、分立、解散、增加或者减少注册资本和发行公司债券，必须由国有资产监督管理机构决定；其中，重要的国有独资公司合并、分立、解散、申请破产的，应当由国有资产监督管理机构审核后，报本级人民政府批准。

国有独资公司设董事会，董事每届任期不得超过 3 年。董事会成员中应当有公司职工代表。董事会成员由国有资产监督管理机构委派；但是，董事会成员中的职工代表由公司职工代表大会选举产生。董事会设董事长 1 人，可以设副董事长。董事长、副董事长由国有资产监督管理机构从董事会成员中指定。

国有独资公司设经理，由董事会聘任或者解聘。经国有资产监督管理机构同意，董事会成员可以兼任经理。

国有独资公司的董事长、副董事长、董事、高级管理人员，未经国有资产监督管理机构同意，不得在其他有限责任公司、股份有限公司或者其他经济组织兼职。

国有独资公司监事会成员不得少于 5 人，其中职工代表的比例不得低于 1/3，具体比例由公司章程规定。监事会成员由国有资产监督管理机构委派；但是，监事会成员中的职工代表由公司职工代表大会选举产生。监事会主席由国有资产监督管理机构从监事会成员中指定。

五、有限责任公司股权转让

（一）股权转让

1. 股东内部转让

有限责任公司的股东之间可以相互转让其全部或者部分股权。

2. 股东向外转让

股东向股东以外的人转让股权，应当经其他股东过半数同意。股东应就其股权转让事项书面通知其他股东征求同意，其他股东自接到书面通知之日起满 30 日未答复的，视为同意转让。其他股东半数以上不同意转让的，不同意的股东应当购买该转让的股权；不购买的，视为同意转让。

（二）优先购买权

1. 经股东同意转让的股权，在同等条件下，其他股东有优先购买权。

2. 两个以上股东主张行使优先购买权的，协商确定各自的购买比例；协商不成的，按照转让时各自的出资比例行使优先购买权。

3. 人民法院依照法律规定的强制执行程序转让股东的股权时，应当通知公司及全体股东,其他股东在同等条件下有优先购买权。其他股东自人民法院通知之日起满20日不行使优先购买权的,视为放弃优先购买权。

(三) 股权回购

我国公司法规定,有下列情形之一的,对股东会该项决议投反对票的股东可以请求公司按照合理的价格收购其股权:①公司连续5年不向股东分配利润,而公司该5年连续盈利,并且符合本法规定的分配利润条件的;②公司合并、分立、转让主要财产的;③公司章程规定的营业期限届满或者章程规定的其他解散事由出现,股东会会议通过决议修改章程使公司存续的。自股东会会议决议通过之日起60日内,股东与公司不能达成股权收购协议的,股东可以自股东会会议决议通过之日起90日内向人民法院提起诉讼。

(四) 股权转让变更

股东转让股权后,公司应当注销原股东的出资证明书,向新股东签发出资证明书,并相应修改公司章程和股东名册中有关股东及其出资额的记载。对公司章程的该项修改不需要再由股东会表决。

自然人股东死亡后,其合法继承人可以继承股东资格;但是,公司章程另有规定的除外。

第三节 股份有限公司

一、股份有限公司的设立

股份有限公司,是指其全部资本划分为等额股份,股东以其认购的股份为限对公司承担责任,公司以其全部资产对公司债务承担责任的公司。

(一) 股份有限公司的设立条件

1. 发起人符合法定人数

发起人,是指为设立公司而签署公司章程、向公司认购出资或者股份并履行公司设立职责的人。公司法规定,设立股份有限公司,应当有2人以上200人以下为发起人,其中须有半数以上的发起人在中国境内有住所。

2. 由符合公司章程规定的全体发起人认购的股本总额或者募集的实收股本总额

股份有限公司的设立，可以采取发起设立或者募集设立的方式。

发起设立，是指由发起人认购公司应发行的全部股份而设立公司。以发起方式设立的，注册资本为在公司登记机关登记的全体发起人认购的股本总额。在发起人认购的股份缴足前，不得向他人募集股份。

募集设立，是指由发起人认购公司应发行股份的一部分，其余股份向社会公开募集或者向特定对象募集而设立公司。以募集方式设立的，注册资本为在公司登记机关登记的实收股本总额。其中，发起人认购的股份不得少于公司股份总数的35%。

3. 股份发行、筹办事项符合法律规定

发起人向社会公开募集股份，必须公告招股说明书，并制作认股书。

4. 发起人制定公司章程，采用募集方式设立的经创立大会通过

股份有限公司章程应当载明下列事项：公司名称和住所；公司经营范围；公司设立方式；公司股份总数、每股金额和注册资本；发起人的姓名或者名称、认购的股份数、出资方式和出资时间；董事会的组成、职权和议事规则；公司法定代表人；监事会的组成、职权和议事规则；公司利润分配办法；公司的解散事由与清算办法；公司的通知和公告办法；股东大会会议认为需要规定的其他事项。

5. 有公司名称，建立符合股份有限公司要求的组织机构

依法设立的股份有限公司，必须在公司名称中标明股份有限公司或者股份公司字样。公司须依法建立内部组织机构。

6. 有公司住所

公司以其主要办事机构所在地为住所。

(二) 股份有限公司的设立程序

1. 签订发起人协议

股份有限公司发起人承担公司筹办事务。发起人应当签订发起人协议，明确各自在公司设立过程中的权利和义务。

2. 制定公司章程，发起人认购股份

发起设立的，由发起人制定公司章程；募集设立的，由发起人制定公司章程，交后来

召开的公司创立大会审议，经出席会议的认股股东所持表决权过半数通过。

3. 必要的行政核准

法律、行政法规规定设立公司必须报经批准的，应当在公司登记前依法办理批准手续。

4. 公开募集股份

这是募集设立特有程序，包括：公开发行股票的行政核准，公告招股说明书、制作认股书，签订承销与代收股款协议。

5. 首次缴纳出资及验资

以发起设立方式设立股份有限公司的，发起人应当书面认足公司章程规定其认购的股份，并按照公司章程规定缴纳出资。以非货币财产出资的，应当依法办理其财产权的转移手续。发起人不依法如约缴纳出资的，应当按照发起人协议承担违约责任。募集设立公司，在发行股份的股款缴足后，还必须经依法设立的验资机构验资并出具证明。

6. 召开公司创立大会

这是募集设立公司的特有程序。发起人应当自股款缴足之日起30日内主持召开公司创立大会。创立大会行使下列职权：审议发起人关于公司筹办情况的报告；通过公司章程；选举董事会成员；选举监事会成员；对公司的设立费用进行审核；对发起人用于抵作股款的财产的作价进行审核；发生不可抗力或者经营条件发生重大变化直接影响公司设立的，可以作出不设立公司的决议。

发起人应当在创立大会召开15日前将会议日期通知各认股人或者予以公告。创立大会应有代表股份总数过半数的发起人、认股人出席，方可举行。创立大会作出的决议，必须经出席会议的认股人所持表决权过半数通过。

7. 组建公司组织机构

发起设立的股份有限公司在发起人首次缴纳出资后，应选举董事会、监事会，并由董事会负责申请设立登记。募集设立的公司，在完成股份募集后召开创立大会，选举董事、监事。

8. 申请设立登记

股份有限公司的设立登记申请由首届董事会负责，由首届董事会向公司登记机关报送公司章程以及法律、行政法规规定的其他文件，申请设立登记。

9. 核准登记

公司登记机关依法受理设立申请后，对申报材料依法予以形式审查，对认为必要材料可进行实质审查。对符合条件的，予以核准登记。营业执照签发日为公司成立日。

（三）股份有限公司发起人的法律责任

股份有限公司的发起人应当承担以下责任：①公司不能成立时，对设立行为所产生的债务和费用负连带责任；②公司不能成立时，对认股人已缴纳的股款，负返还股款并加算银行同期存款利息的连带责任；③在公司设立过程中，由于发起人的过失致使公司利益受到损害的，应当对公司承担赔偿责任。

二、股份有限公司的组织机构

（一）股东大会

1. 股东大会的组成

股份有限公司股东大会由全体股东组成。股东大会是公司的权力机构，依法行使职权。股份有限公司股东大会职权与有限责任公司股东会职权相同。

2. 股东大会的会议

股东大会有年会和临时会议两种。股东大会应当每年召开一次年会。年会形式可采取自然年度或会计年度，由公司自主决定。有下列情形之一的，公司应当在两个月内召开临时股东大会：董事人数不足公司法规定人数或者公司章程所定人数的2/3时；公司未弥补的亏损达实收股本总额1/3时；单独或者合计持有公司10%以上股份的股东请求时；董事会认为必要时；监事会提议召开时；公司章程规定的其他情形。

3. 股东大会会议的召集和主持

股东大会会议由董事会召集，董事长主持；董事长不能履行职务或者不履行职务的，由副董事长主持；副董事长不能履行职务或者不履行职务的，由半数以上董事共同推举1名董事主持；董事会不能履行或者不履行召集股东大会会议职责的，监事会应当及时召集和主持；监事会不召集和主持的，连续90日以上单独或者合计持有公司10%以上股份的股东可以自行召集和主持。

4. 股东大会会议的召开

召开股东大会会议，应当将会议召开的时间、地点和审议的事项于会议召开20日前通知各股东；临时股东大会应当于会议召开15日前通知各股东；发行无记名股票的，应当于会议召开30日前公告会议召开的时间、地点和审议事项。

单独或者合计持有公司3%以上股份的股东,可以在股东大会召开10日前提出临时提案并书面提交董事会;董事会应当在收到提案后2日内通知其他股东,并将该临时提案提交股东大会审议。

股东可以委托代理人出席股东大会会议,代理人应当向公司提交股东授权委托书,并在授权范围内行使表决权。

5. 股东大会的决议

股东出席股东大会会议,所持每一股份有一表决权。股东大会作出决议,必须经出席会议的股东所持表决权过半数通过。但是,股东大会作出修改公司章程、增加或者减少注册资本的决议,以及公司合并、分立、解散或者变更公司形式的决议,必须经出席会议的股东所持表决权的2/3以上通过。

6. 累积投票制

股东大会选举董事、监事,可以依照公司章程的规定或者股东大会的决议,实行累积投票制。累积投票制指股东大会选举董事或者监事时,每一股份拥有与待选董事或者监事人数相同的表决权,股东拥有的表决权可以集中使用。

7. 股东大会的记录

股东大会应当将所议事项的决定做成会议记录,主持人、出席会议的董事应当在会议记录上签名。会议记录应当与出席股东的签名册及代理出席的委托书一并保存。

(二) 董事会、经理

1. 董事会的组成

股份有限公司设董事会,其成员为5~19人。董事会成员中可以有公司职工代表。董事会中的职工代表由公司职工通过职工代表大会、职工大会或者其他形式民主选举产生。

董事会设董事长1人,可以设副董事长。董事长和副董事长由董事会以全体董事的过半数选举产生。董事长召集和主持董事会会议,检查董事会决议的实施情况。副董事长协助董事长工作,董事长不能履行职务或者不履行职务的,由副董事长履行职务;副董事长不能履行职务或者不履行职务的,由半数以上董事共同推举1名董事履行职务。

2. 董事会会议的召开

董事会每年度至少召开2次会议,每次会议应当于会议召开10日前通知全体董事和监事。代表1/10以上表决权的股东、1/3以上董事或者监事会,可以提议召开董事会临时会议。董事长应当自接到提议后10日内,召集和主持董事会会议。董事会召开临时会议,可以另定召集董事会的通知方式和通知时限。

3. 董事会的决议

董事会会议应有过半数的董事出席方可举行。董事会作出决议，必须经全体董事的过半数通过。董事会决议的表决，实行一人一票。董事会会议，应由董事本人出席；董事因故不能出席，可以书面委托其他董事代为出席，委托书中应载明授权范围。董事会应当将会议所议事项的决定做成会议记录，出席会议的董事应当在会议记录上签名。董事应当对董事会的决议承担责任。董事会的决议违反法律、行政法规或者公司章程、股东大会决议，致使公司遭受严重损失的，参与决议的董事对公司负赔偿责任。但经证明在表决时曾表明异议并记载于会议记录的，该董事可以免除责任。

4. 经理

股份有限公司设经理，由董事会决定聘任或者解聘。公司董事会可以决定由董事会成员兼任经理。股份有限公司经理职权与有限责任公司经理的规定相同。

5. 上市公司设独立董事

独立董事是指不在公司担任董事外的其他职务，并与受聘的公司及其主要股东不存在妨碍其进行独立客观判断关系的董事。独立董事依据相关法律、行政法规、公司章程履行职责，维护公司整体利益，保护中小股东合法权益不受损害。

上市公司设董事会秘书。董事会秘书负责公司股东大会和董事会会议的筹备、文件保管以及公司股东资料的管理，办理信息披露事务等事宜。

(三) 监事会

1. 监事会的组成

股份有限公司设监事会，其成员不得少于3人。监事会应当包括股东代表和适当比例的公司职工代表，其中职工代表的比例不得低于1/3，具体比例由公司章程规定。监事会中的职工代表由公司职工通过职工代表大会、职工大会或者其他形式民主选举产生。监事会设主席1人，可以设副主席。监事会主席和副主席由全体监事过半数选举产生。监事会主席召集和主持监事会会议；监事会主席不能履行职务或者不履行职务的，由监事会副主席召集和主持监事会会议；监事会副主席不能履行职务或者不履行职务的，由半数以上监事共同推举1名监事召集和主持监事会会议。董事、高级管理人员不得兼任监事。

2. 监事会会议

监事会每6个月至少召开1次会议。监事可以提议召开临时监事会会议。监事会的议事方式和表决程序,除公司法有规定的外,由公司章程规定。监事会决议应当经半数以上监事通过。监事会应当将所议事项的决定做成会议记录,出席会议的监事应当在会议记录上签名。

三、股份有限公司的股份转让和收购

(一) 股份有限公司股份的转让

股东持有的股份可以依法转让。股东转让其股份,应当在依法设立的证券交易场所进行或者按照国务院规定的其他方式进行。

发起人持有的本公司股份,自公司成立之日起1年内不得转让。公司公开发行股份前已发行的股份,自公司股票在证券交易所上市交易之日近1年内不得转让。公司董事、监事、高级管理人员应当向公司申报所持有的本公司的股份及其变动情况,在任职期间每年转让的股份不得超过其所持有本公司股份总数的25%;所持本公司股份自公司股票上市交易之日起1年内不得转让。上述人员离职后半年内,不得转让其所持有的本公司股份。公司章程可以对公司董事、监事、高级管理人员转让其所持有的本公司股份作出其他限制性规定。

(二) 股份有限公司股份的收购

公司不得收购本公司股份。但有下列情形之一的除外:①减少公司注册资本;②与持有本公司股份的其他公司合并;③将股份用于员工持股计划或者股权激励;④股东因对股东大会作出的公司合并、分立决议持异议,要求公司收购其股份;(5)将股份用于转换上市公司发行的可转换为股票的公司债券;⑥上市公司为维护公司价值及股东权益所必需。

公司因上述第①项、第②项规定的情形收购本公司股份的,应当经股东大会决议;公司因上述第④项、第⑤项、第⑥项规定的情形收购本公司股份的,可以依照公司章程的规定或者股东大会的授权,经2/3以上董事出席的董事会会议决议。

公司依法收购本公司股份后,属于第①项情形的,应当自收购之日起10日内注销;属于第②项、第④项情形的,应当在6个月内转让或者注销;属于第③项、第⑤项、第⑥项情形的,公司合计持有的本公司股份数不得超过本公司已发行股份总额的10%,并应当在3年内转让或者注销。

上市公司收购本公司股份的,应当依照证券法的规定履行信息披露义务。上市公司因第③项、第⑤项、第⑥项规定的情形收购本公司股份的,应当通过公开的集中交易方式进

行。公司不得接受本公司的股票作为质押权的标的。

第四节　公司管理人员制度

一、公司董事、监事、高级管理人员的任职资格

依据公司法规定，有下列情形之一的，不得担任公司的董事、监事、高级管理人员：①无民事行为能力或者限制民事行为能力；②因贪污、贿赂、侵占财产、挪用财产或者破坏社会主义市场经济秩序，被判处刑罚，执行期满未逾5年，或者因犯罪被剥夺政治权利，执行期满未逾5年；③担任破产清算的公司、企业的董事或者厂长、经理，对该公司、企业的破产负有个人责任的，自该公司、企业破产清算完结之日起未逾3年；④担任因违法被吊销营业执照、责令关闭的公司、企业的法定代表人，并负有个人责任的，自该公司、企业被吊销营业执照之日起未逾3年；⑤个人所负数额较大的债务到期未清偿。

公司违反上述规定选举、委派董事、监事或者聘任高级管理人员的，该选举、委派或者聘任无效。董事、监事、高级管理人员在任职期间出现上述情形的，公司应当解除其职务。

二、公司董事、监事、高级管理人员的义务

董事、监事、高级管理人员应当遵守法律、行政法规和公司章程，对公司负有忠实义务和勤勉义务。董事、监事、高级管理人员不得利用职权收受贿赂或者其他非法收入，不得侵占公司的财产。

股东会或者股东大会要求董事、监事、高级管理人员列席会议的，董事、监事、高级管理人员应当列席并接受股东的质询。董事、高级管理人员应当如实向监事会或者不设监事会的有限责任公司的监事提供有关情况和资料，不得妨碍监事会或者监事行使职权。

董事、高级管理人员不得有下列行为：①挪用公司资金；②将公司资金以其个人名义或者以其他个人名义开立账户存储；③违反公司章程的规定，未经股东会、股东大会或者董事会同意，将公司资金借贷给他人或者以公司财产为他人提供担保；④违反公司章程的规定或者未经股东会、股东大会同意，与本公司订立合同或者进行交易；⑤未经股东会或者股东大会同意，利用职务便利为自己或者他人谋取属于公司的商业机会，自营或者为他人经营与所任职公司同类的业务；⑥接受他人与公司交易的佣金归为己有；⑦擅自披露公

司秘密；⑧违反对公司忠实义务的其他行为。董事、高级管理人员违反前款规定所得的收入应当归公司所有。

三、股东代表诉讼

董事、监事、高级管理人员执行公司职务时违反法律、行政法规或者公司章程的规定，给公司造成损失的，应当承担赔偿责任。董事、高级管理人员违反法律、行政法规或者公司章程的规定，损害股东利益的，股东可以向人民法院提起诉讼。

1. 董事、高级管理人员违反法律、行政法规或者公司章程的规定，损害股东利益的，股东可以书面请求监事会或者不设监事会的有限责任公司的监事向人民法院提起诉讼。监事会、不设监事会的有限责任公司的监事，收到股东书面请求后拒绝提起诉讼，或者自收到请求之日起30日内未提起诉讼，股东有权为了公司的利益以自己的名义直接向人民法院提起诉讼。

2. 监事违反法律、行政法规或者公司章程的规定，损害股东利益的，股东可以书面请求董事会或者不设董事会的有限责任公司的执行董事向人民法院提起诉讼。董事会、执行董事收到股东书面请求后拒绝提起诉讼，或者自收到请求之日起30日内未提起诉讼，股东有权为了公司的利益以自己的名义直接向人民法院提起诉讼。

3. 情况紧急、不立即提起诉讼将会使公司利益受到难以弥补的损害的，股东有权为了公司的利益以自己的名义直接向人民法院提起诉讼。

4. 他人侵犯公司合法权益，给公司造成损失的，符合条件的股东有权为了公司的利益以自己的名义直接向人民法院提起诉讼。

第五节　公司变更

一、公司合并

公司合并，是指两个或两个以上的公司订立合并协议，依法组成一个新公司的法律行为。公司合并可以采取吸收合并或者新设合并两种方式。

一个公司吸收其他公司为吸收合并。吸收合并又称存续合并，指两个或者两个以上的公司合并时，其中一个或者一个以上的公司并入另一个公司的法律行为。被吸收的公司解散，成为另一个公司的组成部分；接受并入公司的公司，应当于公司合并后到公司登记机关办理变更登记手续，继续享有法人的地位。

两个以上公司合并设立一个新的公司为新设合并，合并各方解散。原来合并的各方公司应到公司登记机关办理注销手续。新设立的公司应当到公司登记机关办理设立登记手续，取得法人资格。

公司合并时，合并各方的债权、债务，应当由合并后存续的公司或者新设的公司承继。债权、债务承继指合并后存续的公司或新设公司，须无条件接受因合并而消灭的公司的对外债权与债务。合并后公司有权对原来公司的债权进行清理并予以收取，有义务清偿原公司的债务。

二、公司分立

公司分立，是指一个公司依法分成两个以上的公司。公司分立可以采取存续分立和解散分立两种形式。存续分立，也称派生分立，指一个公司分立成两个以上公司，本公司继续存在并设立一个以上新的公司。解散分立，也称新设分立，指一个公司分解为两个以上公司，本公司解散并设立两个以上新的公司。

像公司合并一样，公司分立作为公司重大决策须由董事会制订分立方案，股东（大）会作出分立决议，分立各方订立分立协议，处理债权、债务等各项分立事项，办理减资、新设登记等手续。

公司分立，其财产作相应的分割。公司分立，应当编制资产负债表及财产清单。公司应当自作出分立决议之日起10日内通知债权人，并于30日内在报纸上公告。公司分立前的债务由分立后的公司承担连带责任。但是，公司在分立前与债权人就债务清偿达成的书面协议另有约定的除外。亦即，公司分立前债务承担办法有二：一是按约定办理，债权人与分立的公司就债务清偿问题达成书面协议，依约办理；二是承担连带责任，针对未达成书面协议的情况，分立后的公司承担连带责任，被请求公司不得无故拒绝履行偿还义务。

三、公司增资、减资

（一）公司增资

公司增资，是指公司成立后依法定条件、法定程序增加公司资本的法律行为。有限责任公司增加注册资本时，股东认缴新增资本的出资，依照设立有限责任公司缴纳出资的有关规定执行。股份有限公司为增加注册资本发行新股时，股东认购新股，依照设立股份有限公司缴纳股款的有关规定执行。

(二) 公司减资

公司减资，是指公司在存续期间依照法定条件、法定程序减少注册资本的法律行为。公司需要减少注册资本时，必须编制资产负债表及财产清单。公司应当自作出减少注册资本决议之日起 10 日内通知债权人，并于 30 日内在报纸上公告。债权人自接到通知书之日起 30 日内，未接到通知书的自公告之日起 45 日内，有权要求公司清偿债务或者提供相应的担保。

四、解散与清算

(一) 公司解散

公司解散，是指公司因发生章程规定或法律规定的解散事由而终止经营活动，公司组织解体，法律人格消灭的法律行为。公司解散可分为公司自愿解散和强制解散。自愿解散指依公司章程或股东决议而终止公司经营活动的情形。强制解散是由于公司违反国家法律、行政法规等被国家行政机关强令退出市场，或者由人民法院判决解散。

公司解散的原因包括：①公司章程规定的营业期限届满或者公司章程规定的其他解散事由出现；②股东会或者股东大会决议解散；③因公司合并或者分立需要解散；④依法被吊销营业执照、责令关闭或者被撤销；⑤公司经营管理发生严重困难，继续存续会使股东利益受到重大损失，通过其他途径不能解决的，人民法院依照持有公司全部股东表决权 10% 以上股东请求解散公司。

(二) 公司清算

公司清算，是指公司被依法宣布解散后，依照一定程序了结公司事务，收回债权，清偿债务并分配财产，使公司归于消灭的一系列法律行为。

1. 清算组的成立

清算组指在公司清算期间负责清算事务执行的法定组织，是公司业务的执行机构，全面负责公司清算期间相关事务。公司依法解散的，应当在解散事由出现之日起 15 日内成立清算组，开始清算。有限责任公司的清算组由股东组成，股份有限公司的清算组由董事或者股东大会确定的人员组成。逾期不成立清算组进行清算的，债权人可以申请人民法院指定有关人员组成清算组进行清算。人民法院应当受理该申请，并及时组织清算组进行清算。

2. 清算组的职权

清算组在清算期间行使下列职权：①清理公司财产，分别编制资产负债表和财产清单；②通知、公告债权人；③处理与清算有关的公司未了结的业务；④清缴所欠税款以及清算过程中产生的税款；⑤清理债权、债务；⑥处理公司清偿债务后的剩余财产；⑦代表公司参与民事诉讼活动。

3. 清算组成员的义务与责任

清算组成员应当忠于职守，依法履行清算义务。清算组成员不得利用职权收受贿赂或者其他非法收入，不得侵占公司财产。清算组成员因故意或者重大过失给公司或者债权人造成损失的，应当承担赔偿责任。

4. 债权人申报债权

清算组应当自成立之日起10日内通知债权人，并于60日内在报纸上公告。债权人应当自接到通知书之日起30日内，未接到通知书的自公告之日起45日内，向清算组申报其债权。债权人申报债权，应当说明债权的有关事项，并提供证明材料。清算组应当对债权进行登记。在申报债权期间，清算组不得对债权人进行清偿。

5. 清算程序

清算组在清理公司财产、编制资产负债表和财产清单后，应当制订清算方案，并报股东会、股东大会或者人民法院确认。公司财产在分别支付清算费用、职工的工资、社会保险费用和法定补偿金，缴纳所欠税款，清偿公司债务后的剩余财产，有限责任公司按照股东的出资比例分配，股份有限公司按照股东持有的股份比例分配。清算期间，公司存续，但不得开展与清算无关的经营活动。公司财产在未依照前款规定清偿前，不得分配给股东。

清算组在清理公司财产、编制资产负债表和财产清单后，发现公司财产不足清偿债务的，应当依法向人民法院申请宣告破产。公司经人民法院裁定宣告破产后，清算组应当将清算事务移交给人民法院。

公司清算结束后，清算组应当制作清算报告，报股东会、股东大会或者人民法院确认，并报送公司登记机关，申请注销公司登记，公告公司终止。

第四章 合同法律制度

第一节 合同与合同立法

一、合同的概念和特征

《中华人民共和国合同法》第 2 条第 1 款规定："本法所称合同是指平等主体的自然人、法人、其他组织之间设立、变更、终止民事权利义务关系的协议。"合同作为民事法律行为的一种，与其他法律行为相比，具有以下特点：

（一）合同是两个或两个以上当事人的法律行为

合同基于双方或多方当事人的合意行为而成，区别于单方法律行为和事实行为。单方法律行为成立的基础是当事人的单方意志，而事实行为是指行为人不具有设立、变更或终止民事法律关系的意图，但依照法律规定仍能引起民事法律后果的行为。

（二）合同以设立、变更或终止民事权利义务关系为目的和宗旨

合同的目的在于设立、变更或终止民事权利义务关系。设立民事权利义务关系，是指依法有效成立的合同在当事人之间产生了权利义务关系；变更权利义务关系，是指依法有效成立的合同的效力使当事人之间的权利义务关系发生了变化，形成了新的民事权利义务关系；终止民事权利义务关系，是指依法有效成立的合同使当事人之间的权利义务归于消灭。

（三）合同是当事人在平等自愿的基础上达成的协议

订立合同的当事人在法律地位上是完全平等的，且缔约意思是自愿而为，不为对方或第三方强行所致。当事人在订立合同时须具有追求法律效果的意思，且内心意思和外在表

现具有一致性。

二、合同的分类

(一) 单务合同和双务合同

此种分类以当事人在合同成立后是否互负对待给付义务为标准进行划分。当事人互负对待给付的合同，即一方当事人愿意负担履行义务，旨在使他方当事人因此负有对待给付的义务，此类合同称为双务合同，例如买卖、租赁、承揽合同均为双务合同。反之，如果合同当事人并不互负对待给付义务，即合同当事人仅有一方负担给付义务的话，则为单务合同，例如赠与、借用等合同均属此类。

区分两者的法律意义在于：双务合同适用同时履行抗辩权、先履行抗辩权或不安抗辩权的规则，而单务合同则不适用；双务合同因不可归责于双方当事人的原因而不能履行时，合同债务应被免除，其享有的合同权利也应归于消灭，而在单务合同中，如果一方因不可抗力而导致不能履行义务，不会发生双务合同中的风险负担问题。

(二) 有偿合同和无偿合同

此种分类是以当事人权益的取得是否付出相应代价来划分的。当事人取得合同规定的权益必须向对方偿付相应代价的合同为有偿合同，例如买卖合同、技术转让合同等。合同当事人取得合同规定的权益无须向对方偿付相应代价的合同为无偿合同，例如赠与合同、无偿保管合同等。有偿合同大多数是双务合同，无偿合同大多数是单务合同，但也有例外，例如有息借贷属于有偿合同、单务合同，而无偿委托合同则属于无偿合同、双务合同。

区分有偿合同和无偿合同的法律意义在于：订立有偿合同的当事人原则上要求是完全行为能力人，限制行为能力人非经其法定代理人的同意，不能订立一些较为重大的有偿合同。但对于纯获利的无偿合同，例如赠与合同，限制行为能力人作为受赠方接受赠与时，无须法定代理人的同意即可订立。同时，在无偿合同中，债务人所负的注意义务程度较轻，在有偿合同中，债务人所负的注意义务则较重。例如无偿保管合同中，保管人因过失造成保管物毁损灭失的，如保管人能证明自己并无重大过失，则无须承担赔偿责任，但在有偿的保管合同中，保管人如遇同种情形，则须承担赔偿责任。

(三) 诺成合同和实践合同

此种分类以合同订立是否需要交付标的物为标准。仅须经过当事人意思表示一致即可认定合同成立的合同为诺成合同。买卖合同、租赁合同、保证合同等均为诺成合同。实践合同，又称要物合同，是指除了当事人意思表示一致外，还要以交付合同标的物作为合同成立要件的合同，例如定金合同、借贷合同、借用合同等。

区分诺成合同和实践合同的法律意义在于二者成立与生效的时间不同，诺成合同成立的时间为当事人意思表示一致时，而实践合同成立的时间为当事人交付标的物之时。

（四）要式合同和不要式合同

此种分类以合同订立是否应采取特定的形式或程序作为标准。要式合同，是指根据法律规定应当采取特定形式或程序订立的合同，例如中外合资经营企业合同、技术转让合同等。不要式合同，是指当事人无须采取特定的形式或手续就可成立的合同，即订立合同时采取口头形式、书面形式或其他形式均可。在我国，特定的形式主要是指必须按照特别指定的书面形式，如公证、鉴证、批准和登记等。

区分要式合同和不要式合同的法律意义在于法律对于合同形式的要求会影响合同的成立或生效。例如依照合同法规定，专利转让合同非书面形式不能成立。

（五）主合同和从合同

此种分类以合同间的主从关系为标准。主合同，是指不以其他合同的存在为前提即可独立存在的合同。从合同，是指以其他合同的存在为其存在前提的合同。例如保证合同、抵押合同、质押合同等，这些合同是为担保主债务合同的履行而订立的，相对于主债务合同而言，这些合同均为从合同。

区分主合同和从合同的法律意义在于明确两者间的制约关系。主合同具有独立性，而从合同需要依赖于主合同的存在而存在。主合同不成立的，从合同也不能有效成立；主合同转让，从合同也不能单独存在；主合同被宣告无效或被撤销的，从合同也将失去效力；主合同终止，从合同也会终止。主合同的成立及效力会影响到从合同的成立及效力，但从合同的不成立或失效，一般不会影响到主合同的效力。

三、合同法的基本原则

合同法的基本原则，是指合同立法的指导思想以及调整民事主体间合同关系所必须遵循的基本方针和准则。合同法的基本原则为合同当事人提供了抽象的行为准则，具有较大的解释空间，纠纷的处理者在缺乏具体规范或具体规范含义不清的情况下，可以依据基本原则的精神，合理、妥当地处理合同纠纷。

（一）意思自治原则

意思自治原则是合同的一项最基本的原则，是指合同当事人取得权利、承担义务或从事民事活动时，应基于其意志的自由，而不受国家权力和其他当事人的非法干预。该原则的核心是充分尊重合同当事人在活动中对外表达的内心真实意愿，即合同自由。具体则表现为：合同当事人有缔结合同的自由；合同当事人有选择合同相对人的自由；合同当事人有选择合同形式的自由；合同当事人有决定合同具体内容的自由等。

（二）平等和公平原则

平等原则，是指民法赋予民事主体平等的民事权利能力，并要求所有民事主体同等地受法律约束。这意味着合同关系当事人之间的法律地位是平等的，合同当事人须平等地适用合同法来决定相互之间的权利义务关系，发生合同纠纷，当事人也应该平等地诉诸司法中的纠纷解决方法。公平原则，是指民事主体本着公正的观念从事合同活动，正当行使权利和履行义务，在合同活动中兼顾他人利益和社会公共利益。公平原则要求当事人在订立合同时，应当按照公平合理的标准来确定双方的权利义务，发生纠纷时，人民法院或仲裁机构应当按照公平原则对当事人的权利义务进行价值判断，公平地适用法律和确定法律责任的承担。

（三）诚实信用原则

诚实信用原则，是指人们在从事民事活动时，要讲究信用、恪守诺言、诚实不欺，用善意的心理和方式取得权利、履行义务，在不损害他人利益和社会利益的前提下追求自身的利益。在合同订立阶段，当事人也相互负有忠实、诚实、保密等义务，任何一方不能采用恶意磋商、欺诈等手段牟取不正当利益，不得披露和不正当地使用他人的商业秘密。合同履行过程中，当事人也应当严格遵循诚实信用原则，根据合同的性质、目的及交易习惯履行通知、协助和合同约定的义务。合同终止后，当事人也需要遵循保密和忠实的义务。

（四）公序良俗原则

公序良俗是公共秩序与善良风俗的简称，是指行为人的活动不仅要遵守法律的明文规定，在缺乏法律明文规定时，也应遵循公共秩序和正常合理的道德习俗。所谓公共秩序，是指现行法的具体规定及其基础原则、制度所构成的"规范秩序"。善良风俗，是指某一特定社会的公众观念所认同、尊重的底线性质的伦理秩序。我国合同法虽未直接使用"公序良俗"的概念，但合同法第 7 条规定："当事人订立、履行合同，应当遵守法律、行政法规，尊重社会公德，不得扰乱社会经济秩序，损害社会公共利益。"其中的"社会公共利益"和"社会公德"相当于"公序良俗原则"。

第二节　合同的订立与效力

一、合同的订立

合同订立，是指订约当事人就合同主要条款达成合意的过程。根据合同法的规定，合同的订立包括要约和承诺两个步骤。

（一）内容与形式

1. 合同的主要内容

当事人依照程序订立合同，形成合同条款，构成了合同的主要内容。

根据合同法第 12 条规定，合同的内容一般包括以下条款：

（1）当事人的名称或者姓名和住所

当事人是合同权利和合同义务的承受者，当事人的基本情况属于合同必备条款。名称是针对法人和组织而言的，姓名则是针对自然人而言的。自然人的住所，是指户籍所在地或长期生活的处所；法人和其他组织的住所则是指其注册登记地。

（2）标的

标的是合同权利和义务指向的对象。合同没有标的，就失去了订立合同的出发点和归宿，当事人的权利义务的实现便无从着手，合同更是无法履行。因此，标的是一切合同的主要条款。

（3）数量

数量直接决定着当事人权利义务的大小。标的物数量要求确切，要求确定当事人均认可的计量方法，但也允许有合理的误差。

（4）质量

质量是合同标的具体化反映。标的的质量须规定得详细具体，例如技术标准、质量要求、规格均要明确。

（5）价款或者报酬

价款，是指取得标的物需要支付的代价；报酬则是指完成工作或提供服务后所获得的代价。在我国，价款与报酬通常采用人民币为单位进行计算和支付。价款和报酬是针对有偿合同而言的，对于无偿合同，价款和报酬的规定没有法律意义。

（6）履行期限、地点和方式

履行期限，是指履行合同约定义务的时间界限，它涉及当事人的期限利益，也是确定是否违约的因素之一。履行地点是履行约定合同义务的地点，是确定运输费用由谁承担、风险由谁承受的依据，也是确定标的物所有权是否转移、何时转移的依据，同时也是确定诉讼管辖的依据之一。履行方式，是指履行合同约定义务的方式。对于大多数合同来说，它不是主要条款，若能通过推定来确定合同的履行方式，合同中即使欠缺此项，也不影响其成立。

（7）违约责任

违约责任，是指当事人为了保证合同履行，基于法律规定或通过双方约定，在一方当事人违反合同时，违约方向非违约方承担何种法律后果的约定。违约责任是法律责任，即使合同中没有违约责任条款，只要未依法免除违约责任，违约方仍应承担责任。

（8）解决争议的方法

合同当事人就合同内容的理解和合同履行发生纠纷时，可以选择和解、调解、诉讼与仲裁等方式解决纠纷。合同中解决争议条款的效力具有独立性，即使合同被撤销或被宣告无效，解决争议的条款仍然有效。

2. 合同订立的形式

合同订立的形式，是指当事人达成合意的外部表现形式，是合同内容的外部表现和载体。合同法第10条规定："当事人订立合同，有书面形式、口头形式和其他形式。法律、行政法规规定采用书面形式的，应当采用书面形式。当事人约定采用书面形式的，应当采用书面形式。"

（1）口头形式

口头形式，是指当事人以语言为意思表示订立合同。口头形式在日常生活中被广泛采用。合同采用口头形式，无须当事人特别指明。当事人无约定、法律亦未规定采用特定形式的合同，均可以采用口头形式。口头形式的优点在于简便、易行、迅速，一般适用于标的数量不大的合同关系。但口头合同缺乏文字根据，在当事人发生纠纷时难于取证，不易分清责任，因此，关系较为复杂的合同不宜采用口头形式。

(2) 书面形式

书面形式，是指当事人以书面文字或数据电文等来表现合同内容的方式。合同法第11条规定："书面形式是指合同书、信件和数据电文（包括电报、电传、传真、电子数据交换和电子邮件）等可以有形地表现所载内容的形式。"在实践中，标的额较大、关系较复杂、重要的合同大都采用书面形式。

(3) 推定形式

推定形式，是指合同当事人未通过语言或文字进行意思表示，而是通过作为或不作为来推断其意思表示的订立形式。

(二) 要约与承诺

1. 要约

要约又称发盘、出盘或报价等，是希望和他人订立合同的意思表示。在要约关系中，发出要约的人称为要约人，接受要约的人称为受要约人。

根据合同法的规定，要约必须符合以下规定：要约必须是特定的人作出的意思表示；要约必须向受要约人发出；要约的内容要具体明确；表示接受要约人承诺，要约人即受该意思表示的约束。

(1) 要约邀请

要约邀请，又称要约引诱，是指希望他人向自己发出要约的意思表示。寄送的价目表、拍卖公告、招标公告、招股说明书、商业广告等均为要约邀请。

(2) 要约生效

要约生效即要约产生法律效力，即对发出要约的人和受要约人均产生约束力。

要约生效的时间，是指要约产生法律效力的时间。以对话方式作出的要约，相对人知道其内容时生效。以非对话方式作出的要约，到达相对人时生效。以非对话方式作出的采用数据电文形式的要约，相对人指定特定系统接收数据电文的，该数据电文进入该特定系统时生效；未指定特定系统的，相对人知道或者应当知道该数据电文进入其系统时生效。当事人采用数据电文形式的要约的生效时间另有约定的，按照其约定。

要约在发出后对要约人和受要约人均会产生一定的拘束力。要约一经生效，要约人即受要约的拘束，不得随意撤销或对受要约人随意加以限制、变更和扩张。受要约人在接收到要约后，即取得承诺的资格，有权在要约有效期间作出是否承诺的答复。但是，对于依照法律规定或一般商业惯例负有承诺义务的情形，受要约人不能拒绝承诺。

(3) 要约撤回和撤销

要约的撤回，是指要约生效前，要约人作出的取消要约使其不发生法律效力的意思表示。

撤回要约须发出撤回要约的通知，且此通知应当在要约到达受要约人之前或者与要约同时到达受要约人。由于要约在到达受要约人之前或在到达受要约人之时即被撤回，受要约人不会对要约产生合理的信赖，因此应当允许要约人自由撤回其发出的要约。在电子合同场合，由于数据电文的传输速度太快，要约的撤回在现有的技术条件下难以达到。

要约的撤销，是指要约人在要约生效以后，将该项要约取消，使要约的法律效力归于消灭的意思表示。撤销要约须发出撤销要约的通知，且此通知应当在受要约人发出承诺通知之前到达受要约人。但下列情形的要约不能撤销：①要约人确定了承诺期限或者以其他形式明示要约不可撤销；②受要约人有理由认为要约是不可撤销的，并已经为履行合同做了准备工作。

(4) 要约失效

要约失效，是指要约丧失了法律拘束力，即不再对要约人和受要约人产生拘束。根据合同法的规定，有下列条件之一的，要约失效：①拒绝要约的通知到达要约人；②要约人依法撤销要约；③承诺期限届满，受要约人未作出承诺；④受要约人对要约的内容作出实质性变更。

2. 承诺

承诺是指受要约人同意要约的意思表示。承诺一经生效，合同即成立。一项有效的承诺必须具备以下条件：承诺必须由受要约人向要约人作出；承诺必须在规定的期限内达到要约人；承诺的内容必须与要约的内容一致；承诺的方式符合要约的要求。

(1) 承诺期限

要约确定的期限为承诺期限。对于承诺期限的起算点，要约以信件或者电报作出的，承诺期限自信件载明的日期或者电报交发之日开始计算。信件未载明日期的，自投寄该信件的邮戳日期开始计算。要约以电话、传真等快速通讯方式作出的，承诺期限自要约到达受要约人时开始计算。

承诺应当在要约确定的期限内到达要约人。要约没有确定承诺期限的，承诺应当依照下列规定到达：①要约以对话方式作出的，应当即时作出承诺，但当事人另有约定的除外；②要约以非对话方式作出的，承诺应当在合理期限内到达。

(2) 承诺生效

承诺通知到达要约人时生效。承诺不需要通知的，根据交易习惯或者要约的要求作出承诺的行为时生效。采用数据电文形式订立合同的，收件人指定特定系统接收数据电文的，该数据电文进入该特定系统的时间，视为到达时间；未指定特定系统的，相对人知道或者应当知道该数据电文进入其系统时生效。当事人对采用数据电文形式的要约的生效时间另有约定的，按照其约定。

(3) 承诺撤回

承诺撤回，是指受要约人在承诺生效之前将其取消的行为。根据合同法的规定，受要约人可以撤回承诺，但撤回的通知应当在承诺通知到达要约人之前或者与承诺通知同时到达要约人。受要约人撤回承诺的，合同不成立。

(4) 承诺迟延与迟到

受要约人超过承诺期限发出承诺的，为迟延承诺，除要约人及时通知受要约人该承诺有效的以外，迟延的承诺应视为新要约。受要约人在承诺期限内发出承诺，按照通常情形能够及时到达要约人，但因其他原因使承诺到达要约人时超过承诺期限的，为迟到承诺。除要约人及时通知受要约人因承诺超过期限不接受该承诺的以外，迟到的承诺为有效承诺。

3. 合同成立的时间与地点

(1) 合同成立的时间

通常情形下，合同成立的时间为承诺的生效时间。当事人采用合同书形式订立合同的，自双方当事人签字或者盖章时合同成立。如双方当事人未同时在合同书上签字或盖章，则以当事人最后一方签字或盖章的时间为合同的成立时间。如果当事人采用信件、数据电文等形式订立合同，可以在合同成立之前要求签订确认书，签订确认书时合同成立。

(2) 合同成立的地点

合同成立的地点和时间通常紧密联系在一起。承诺生效的地点为合同成立的地点。采用数据电文形式订立合同的，收件人的主营业地为合同成立的地点；没有主营业地的，其经常居住地为合同成立的地点。当事人另有约定的，按照其约定。当事人采用合同书形式订立合同的，双方当事人签字或者盖章的地点为合同成立的地点。如果合同约定的签订地与实际签字或盖章地点不符的，约定的签订地为合同签订地。如果合同没有约定签订地的，双方当事人未在同一地点签字或盖章，则以当事人中最后一方签字或盖章的地点为合同成立的地点。

(三) 格式条款

格式条款，是指一方当事人为了与不特定多数人订立合同时重复使用而单方拟定，并在订立合同时不允许对方协商变更的条款。采用格式条款订立的合同一般称之为格式合同。因格式条款是一方当事人拟定的,且不允许相对方协商改变,条款难免有不公平之处,因此法律对格式条款提供者规定了特别义务:采用格式条款订立合同的,提供格式条款的一方应当遵循公平原则确定当事人之间的权利和义务,在合同订立时采用足以引起对方注意的文字、符号、字体等特别标识提请对方注意免除或者限制其责任的条款,并按照对方的要求,对该条款予以说明。提供格式条款的一方对其已尽合理提示及说明义务承担举证责任。

对格式条款的理解发生争议的,应当按照通常理解予以解释。对格式条款有两种以上解释的,应当作出不利于提供格式条款一方的解释。格式条款和非格式条款不一致的,应当采用非格式条款。提供格式条款一方免除其责任、加重对方责任、排除对方主要权利的,该条款无效。

(四)缔约过失责任

缔约过失责任,是指合同当事人在订立合同过程中,当事人一方违反诚实信用原则的要求,因故意或过失给缔约相对方造成信赖利益的损失时,依法应当承担的损害赔偿责任。构成缔约过失责任应满足三个条件:

(1) 缔约过失责任必须发生在合同订立过程中

缔约过失责任发生在缔约过程中,在合同尚未成立,或者虽然成立但因不符合法定的生效要件而被确认为无效或被撤销时,有过失的一方才应承担缔约过失责任。

(2) 当事人一方有缔约过失行为

我国合同法规定,下列情形下,当事人应当承担缔约过失责任:①假借订立合同,恶意进行磋商;②故意隐瞒与订立合同有关的重要事实或者提供虚假情况;③泄露或者不正当地使用在订立合同过程中获得的商业秘密给对方造成损失的;④有其他违背诚实信用原则的行为。

(3) 当事人一方的过失行为造成相对方合理的信赖利益的损失

信赖利益的损失,是指一方实施某种行为后,足以使另一方对其产生信赖(如相信其会订立合同),并因此而支付了一定的费用,后因对方违反诚信原则使该费用不能得到补偿。只有相对人遭受了信赖利益的损失,缔约过失责任才可能成立。

二、合同的效力

(一)合同的效力及生效

合同的效力,是指已经成立的合同将对合同当事人乃至第三人产生的法律后果。合同成立是合同生效的前提。合同的成立是一种事实行为,只要当事人之间有要约和承诺,合同即告成立。已经成立的合同要产生当事人预期的效果,必须满足法定的生效要件。

通常情形下,依法成立的合同自合同成立时生效。但是下列情形除外:①法律、行政法规规定应当办理批准、登记等手续才生效的,自依法办理批准、登记手续时生效。②附条件或附期限的合同。附生效条件的合同自条件成就时生效;附解除条件的合同自条件成就时失效;附生效期限的合同自期限到来时生效;附终止期限的合同自期限到来时失效。③当事人未采取特定形式或履行特定手续,但一方当事人已经履行了主要义务,对方接受的,根据合同的特别成立规则,合同自依法成立时生效。

(二) 合同的可撤销

合同可撤销,是指合同欠缺一定生效要件,其有效与否,取决于有撤销权的一方当事人是否行使撤销权。相对于合同的无效而言,合同可撤销是一种相对无效,在有撤销权的一方当事人行使撤销权之前,合同仍是有效的,在当事人行使撤销权后,该合同归于无效。

根据民法总则和合同法的规定,合同可撤销的原因包括以下几方面:

1. 重大误解

重大误解,是指当事人为意思表示时,因自己的过失,对涉及合同法律效果的重大事项发生认识上的显著错误而使自己遭受重大不利的法律事实。

重大误解通常包括对合同性质的误解、对相对人的误解、对合同标的的误解等几种类别。一般来说,构成重大误解的因素必须与合同的内容有关,合同内容以外的事项不构成误解的对象。动机的误解原则上不视为对内容的误解,但如果动机作为合同条件提出来,则应把对它的误解作为对内容的误解,给误解人造成较大损失时,构成重大误解。

2. 显失公平

显失公平,是指合同当事人达成的合同关系中,权利义务的配置明显不对等,一方处于重大不利的境地。显失公平的构成要件有三:①合同中当事人的权利义务明显不对等;②合同成立之时即发生显失公平的事实;③显失公平的原因为一方当事人利用自己的优势或者利用对方处于危困状态、缺乏判断能力等情形。

3. 欺诈

欺诈,是指行为人故意隐瞒与订立合同有关的重要事实或者提供虚假信息而使对方作出错误意思表示,从而订立合同的行为。是否构成欺诈,要满足四个要件:①客观上有欺诈行为的存在；②欺诈人有欺诈的故意；③受欺诈人因欺诈而陷于错误；④受欺诈人因错误而为意思表示。第三人实施欺诈行为，使一方在违背真实意思的情况下订立的合同，对方知道或者应当知道该欺诈行为的，受欺诈方有权请求人民法院或者仲裁机构予以撤销。

4. 胁迫

胁迫，是指一方或第三人以正在实施或将来实施的危害使相对人发生恐惧而作出一定意思表示的行为。胁迫的构成也需要满足四个要件：①客观上有胁迫的行为；②胁迫人有胁迫的故意；③受胁迫人因胁迫而发生恐惧；④胁迫行为是非法的。

当事人自知道或者应当知道撤销事由之日起1年内、重大误解的当事人自知道或者应当知道撤销事由之日起3个月内没有行使撤销权，当事人受胁迫，自胁迫行为终止之日起1年内没有行使撤销权，撤销权消灭。此外，当事人知道撤销事由后明确表示或者以自己的行为表明放弃撤销权，当事人自合同订立之日起5年内没有行使撤销权的，也会导致撤销权的消灭。

（三）合同的效力待定

合同效力待定，是指合同因欠缺生效要件，能否发生法律效力尚未确定。效力待定的合同，只有经过有权人的追认后，才能补足欠缺的有效要件，使合同产生效力。效力待定的合同主要包括以下两种类型：

1. 限制行为能力人订立的依法不能独立订立的合同

限制行为能力人除能够订立纯获利合同或与其年龄、智力、精神健康状况相适应的合同外，其他合同的订立，原则上应由其法定代理人代理。如果限制行为能力人没有得到其法定代理人的允许，私自订立了依法不能独立订立的合同，就出现了缔约上的瑕疵，其订立的合同称为效力待定的合同，该合同须待其法定代理人追认后才能发生完全的法律效力。为了尽快结束权利义务不确定的状态，法律上规定了相对人的催告制度，相对人可以催告法定代理人在1个月内予以追认。法定代理人未作表示的，视为拒绝追认，合同也就不会发生法律效力。为了避免合同相对人的权益因为合同的效力待定而受损，合同法还特别规定了善意相对人的撤销权，即合同被追认之前，善意相对人有撤销的权利。撤销应当以通知的方式作出。此处的"善意相对人"，是指在订立合同时不知道也不应当知道其合同相对人是不适格的行为主体，而相信其为具有完全缔约资格的行为主体。

2. 无权代理人订立的合同

行为人没有代理权、超越代理权或者代理权终止后以被代理人的名义订立的合同，未经被代理人追认的，对被代理人不发生效力，而应由行为人承担责任。相对人可以催告被代理人在1个月内予以追认。被代理人未作表示的，视为拒绝追认。合同被追认之前，善意相对人有撤销的权利。撤销应当以通知的方式作出。

行为人实施的行为未被追认的，善意相对人有权请求行为人履行债务或者就其受到的损害请求行为人赔偿，但是赔偿的范围不得超过被代理人追认时相对人所能获得的利益。

（四）合同的无效

合同无效，是指因为欠缺法定生效要件而导致合同不发生效力。此类合同自始无效、确定无效。导致合同无效的原因如下：

1. 一方以欺诈、胁迫的手段订立合同，损害国家利益

关于欺诈、胁迫的构成条件前文已做阐述，通常情形下，因欺诈或胁迫而成立的合同为可撤销合同，只有在损害到国家利益时，合同才被认定为无效合同。

2. 恶意串通，损害国家、集体或者第三人利益

当事人订立合同时，主观上存在相互串通，希望通过订立合同达到损害国家、集体或第三人利益的目的，且事实上也造成了国家、集体和第三人既有利益的损失。只有主观因素和客观因素相结合才能认定该合同无效。

3. 以合法形式掩盖非法目的

以合法形式掩盖非法目的，又称规避法律规定的行为，即当事人订立的合同在形式上是合法的，但订立合同的目的以及合同的内容却是违法的。此时，合同不过是当事人实现非法目的的工具，应认定自始无效。

4. 损害社会公共利益

认定损害社会公共利益的合同无效是保护公共利益的需要。当私人利益与社会公共利益发生冲突的时候，我们应优先保护公共利益。公共利益是一个内涵不确定的范畴，其主要内容就体现在公序良俗原则之中。凡是严重危害公共秩序以及正常合理之道德风俗的合同都属于损害社会公共利益的合同，均应无效。

5. 违反法律、行政法规的强制性规定

此处的法律、行政法规的强制性规定，是指全国人民代表大会及其常委会颁布的法律以及国务院颁布的行政法规中的强制性规范。

（五）合同无效或被撤销后的法律后果

合同被确认无效或被撤销后，虽然不能产生当事人所预期的法律效果，但并非不产生

任何法律后果。无效的合同或者被撤销的合同自始没有法律约束力。合同部分无效,不影响其他部分效力的,其他部分仍然有效。合同无效、被撤销或者终止的,不影响合同中独立存在的有关解决争议方法的条款的效力。

合同无效或者被撤销后,因该合同取得的财产,应当予以返还;不能返还或者没有必要返还的,应当折价补偿。有过错的一方应当赔偿对方因此所受到的损失,双方都有过错的,应当各自承担相应的责任。当事人恶意串通,损害国家、集体或者第三人利益的,因此取得的财产收归国家所有或者返还集体、第三人。

第三节　合同的履行与担保

一、合同的履行

合同履行,是指当事人按照合同约定履行各自义务的行为。合同履行的前提条件是合同有效成立。

(一) 合同履行的原则

合同履行的原则,是指债务人履行合同债务时应遵守的基本准则。

1. 全面履行原则

全面履行原则,是指合同当事人应当按照法律的规定和合同的约定全面履行自己义务的原则。合同义务,无论主要义务还是一般义务,只要是合同中明确规定的,当事人都应当遵守,这是合同法律效力的必然要求,也是合同法律效力的具体表现。任何合同义务的不履行,都是对合同义务的违反,都构成了违约,同时也会产生违约责任的承担问题。

2. 适当履行原则

适当履行原则,也称正确履行原则,是指当事人应根据合同约定的标的、质量、数量,由适当的主体在适当的期限、地点,以适当的方式,全面履行合同义务的原则。法律在要求当事人全面履行合同义务的同时,还要求当事人按照合同的规定履行合同义务。任何不符合合同规定的义务履行,都是合同的不正确履行。合同义务的不正确履行也是违约行为,也须承担违约责任。

3. 协助履行原则

协助履行原则,是指在合同履行过程中,双方当事人应互助合作,共同履行合同义务的原则。合同是双方民事法律行为，不是债务人一方的事情。由于在合同履行过程中，债务人比债权人更多地受到诚实信用、适当履行等原则的约束，因此，协作履行往往是对债权人所提出的要求。协作履行原则也是诚实信用原则在合同履行方面的具体体现。债务人履行合同时，债权人应创造必要条件，提供方便；债务人因故不能履行或不能完全履行合同义务时，债权人应积极采取措施防止损失扩大，否则，扩大的损失应自负其责。

（二）合同约定不明确的履行

合同生效后，当事人就质量、价款或者报酬、履行地点等内容没有约定或者约定不明确的，可以协议补充；不能达成补充协议的，按照合同有关条款或者交易习惯确定。依照上述规定仍不能确定的，依照下列规则确定：

1. 质量要求不明确的，按照国家标准、行业标准履行；没有国家标准、行业标准的，按照通常标准或者符合合同目的的特定标准履行。

2. 价款或者报酬不明确的，按照订立合同时履行地的市场价格履行；依法应当执行政府定价或者政府指导价的，按照规定履行。

3. 履行地点不明确，给付货币的，在接受货币一方所在地履行；交付不动产的，在不动产所在地履行；其他标的，在履行义务一方所在地履行。

4. 履行期限不明确的，债务人可以随时履行，债权人也可以随时要求债务人履行，但应当给对方必要的准备时间。

5. 履行方式不明确的，按照有利于实现合同目的的方式履行。

6. 履行费用的负担不明确的，由履行义务一方负担。

执行政府定价或者政府指导价的，在合同约定的交付期限内，政府价格调整的，按照交付时的价格计价。逾期交付标的物的，遇价格上涨时，按照原价格执行；价格下降时，按照新价格执行。逾期提取标的物或者逾期付款的，遇价格上涨时，按照新价格执行；价格下降时，按照原价格执行。

（三）合同履行的抗辩

抗辩权，也称异议权，是指对抗对方请求权或否认对方权利主张的权利。合同中的抗辩权包括同时履行抗辩权、先履行抗辩权以及不安抗辩权三种类型。

1. 同时履行抗辩权

同时履行抗辩权，是指在双务合同中应同时履行义务的，一方在对方未履行前，有拒绝对方请求自己履行义务的权利。根据合同法的规定，当事人互负债务，没有先后履行顺序的,应当同时履行。一方在对方履行之前有权拒绝其履行要求。一方在对方履行债务不符合约定时,有权拒绝其相应的履行要求。

同时履行抗辩权的行使,需要严格符合以下几个条件:

(1) 合同当事人根据同一双务合同互负债务

同时履行抗辩是因双务合同在履行上的关联性而产生的,因此只能适用于双务合同。同时履行抗辩权只在合同当事人互负债务的双务合同中存在,但并非所有的双务合同都有同时履行抗辩权。

(2) 双方当事人的债务不存在履行上的先后顺序

一般来说,如果合同未规定不同时履行的,则应认定为当事人负有同时履行的义务。

(3) 双方当事人的债务已届清偿期

同时履行抗辩制度的目的在于使双务合同双方当事人的债务能同时履行,因此,双务合同的双方债务必须同时具有可履行性。只有均已届清偿期的债务,才可能是履行顺序不分先后的债务。若当事人的债务未届清偿期,一方请求的,另一方可以拒绝,此属于履行期未届满的抗辩,而不属于同时履行抗辩权。

(4) 须对方未履行债务或者未适当履行债务

双务合同当事人一方向另一方请求履行债务时,其自己所负的有对价关系的债务未履行或未适当履行的,另一方可以因此主张同时履行抗辩权,拒绝履行债务。

2. 先履行抗辩权

先履行抗辩权,是指双务合同中应当先履行义务的一方当事人未履行或履行债务不符合约定时,对方当事人有拒绝其履行请求的权利。根据合同法的规定,当事人互负债务,有先后履行顺序,先履行一方未履行的,后履行一方有权拒绝其履行要求;先履行一方履行债务不符合约定的,后履行一方有权拒绝其相应的履行要求。先履行抗辩权的适用,必须具备以下条件:①双方当事人因同一双务合同互负债务;②双务合同的履行要求有先后顺序;③先履行一方到期后未履行债务或未适当履行债务。

3. 不安抗辩权

不安抗辩权,是指双务合同中应先履行义务的一方当事人,有确切证据证明相对人财产明显减少或欠缺信用,不能保证对待给付时,享有的暂时中止履行合同义务的权利。根据合同法的规定,应当先履行债务的当事人,有确切证据证明对方有下列情形之一的,可以中止履行:①经营状况严重恶化;②转移财产、抽逃资金,以逃避债务;③丧失商业信誉;④有丧失或者可能丧失履行债务能力的其他情形。主张不安抗辩权的当事人如果没有确切证据而中止履行的，应当承担违约责任。

当事人行使不安抗辩权中止履行的，应当及时通知对方。对方提供适当担保时，应当恢复履行。中止履行后，对方在合理期限内未恢复履行能力并且未提供适当担保的，中止履行的一方可以解除合同。

（四）合同的保全

合同的保全，是指债权人为了防止债务人的财产不当减少从而危及其债权实现而采取的措施或手段。合同保全制度，是指法律赋予债权人用来防止债务人财产不当减少的各种法律措施的总称。

合同本是当事人权利义务关系意思表示一致的协议，具有相对性，即仅对合同当事人具有法律约束力，原则上对合同之外的第三人没有约束力。但合同保全制度是涉及合同外第三人的制度，属于合同的对外效力，在债务人或第三人的行为危及债权的特殊情况下，合同的相对性会被打破。

1. 代位权

代位权，是指在债务人怠于行使自己对第三人（次债务人）享有的到期债权而危及债权人债权实现时，债权人可以以自己的名义代替债务人直接向第三人行使权利的权利。对于代位权的行使，我国采用的是裁判行使方式，即代位权的行使必须通过诉讼方式在法院进行。根据《合同法解释（一）》规定，债权人提起代位权诉讼通常应符合以下条件：

（1）债务人须享有对第三人的到期债权

由于代位权涉及第三人的债权，如果债务人不享有对第三人的债权，代位权就没有行使的目标或标的。根据我国合同法第73条的规定，债权人代位行使的债务人权利仅限于到期债权。物权及未到期债权，都不能作为代位权标的。

（2）债务人怠于行使其到期债权，对债权人造成损害

只有债务人不履行其对债权人的到期债务，又不以诉讼方式或者仲裁方式向其债务人主张其享有的具有金钱给付内容的到期债权，致使债权人的到期债权未能实现的，才能认定其怠于行使到期债权，对债权人造成损害。次债务人（即债务人的债务人）不认为债务人怠于行使其到期债权的，应当承担举证责任。

（3）债务人的债权不是专属于债务人自身的债权

此处所称的专属于债务人自身的债权，是指基于扶养关系、抚养关系、赡养关系、继承关系产生的给付请求权和劳动报酬、退休金、养老金、抚恤金、安置费、人寿保险、人身伤害赔偿请求权等权利。

债权人依法提起代位权诉讼的，债权人为原告，次债务人为被告，债务人为第三人，管辖法院为被告住所地法院。债权人以境外当事人为被告提起代位权诉讼的，人民法院根据民事诉讼法第 265 条的规定确定管辖法院。未将债务人列为第三人的，人民法院可以追加债务人为第三人。两个或者两个以上债权人以同一次债务人为被告提起代位权诉讼的，人民法院可以合并审理。在代位权诉讼中，次债务人对债务人的抗辩，可以向债权人主张。债务人在代位权诉讼中对债权人的债权提出异议，经审查异议成立的，人民法院应当裁定驳回债权人的起诉。在代位权诉讼中，债权人胜诉的，诉讼费由次债务人负担，从实现的债权中优先支付。债权人向次债务人提起的代位权诉讼经人民法院审理后认定代位权成立的，由次债务人向债权人履行清偿义务，债权人与债务人、债务人与次债务人之间相应的债权债务关系即予消灭。

2. 撤销权

撤销权，是指当债务人事实上的减少财产的行为危及债权人的债权实现时，债权人请求法院撤销债务人行为的权利。债权人的撤销权是一种实体法上的权利而非诉讼法上的权利，但其行使仍须通过诉讼来进行。

债权人撤销权的成立，须满足客观和主观两方面的要求。

(1) 客观要求

撤销权实现的客观要求在于债务人实施了危害债权人债权实现的行为。根据合同法和《合同法司法解释（二）》的规定，此行为包括五类：①债务人放弃其到期债权或未到期债权；②放弃债权担保；③恶意延长到期债权的履行期；④债务人无偿转让财产；⑤债务人以明显不合理的低价转让财产或明显不合理的高价收购他人财产。理解"明显不合理的低价"和"明显不合理的高价"时，应当以交易当地一般经营者的判断，并参考交易当时交易地的物价部门指导价或者市场交易价，结合其他相关因素综合考虑予以确认。转让价格达不到交易时交易地的指导价或者市场交易价 70% 的，一般可以视为明显不合理的低价；对转让价格高于当地指导价或者市场交易价 30% 的，一般可以视为明显不合理的高价。

(2) 主观要求

撤销权实现的主观要求是债务人和第三人具有主观上的恶意，即在实施行为时明知有害于债权而继续行为。对于主观要件的运用，因债务人行为是否有偿而不同，当债务人的行为是无偿的，则无须具备主观要件，只要具备客观要件，债权人即可撤销。如债务人的行为是有偿行为，则要求具备主观要求。

撤销权的行使须债权人以自己的名义，通过诉讼的方式在债权人债权的范围内进行。

在撤销权诉讼中，原告为债权人，被告为债务人，受益人或者受让人是第三人，被告住所地法院为管辖法院。若债权人提起诉讼时只以债务人为被告，未将受益人或者受让人列为第三人的，人民法院可以追加该受益人或者受让人为第三人。两个或者两个以上债权人以同一债务人为被告，就同一标的提起撤销权诉讼的，人民法院可以合并审理。债权人行使撤销权所支付的律师代理费、差旅费等必要费用，由债务人负担；第三人有过错的，应当适当分担。

二、合同的担保

合同的担保，是指按照法律规定或当事人的约定设立的确保合同义务履行和权利实现的法律措施。根据我国担保法的规定，合同的担保制度主要由保证、抵押、质押、留置和定金这五种担保形式组成。

（一）保证

保证，是指保证人和债权人约定，当债务人不履行债务时，保证人按约定履行债务或承担责任的行为。保证是一种人的担保，具有从属性、补充性、相对独立性和无偿性的特征。

1. 保证人

保证人是为债务人履行债务进行担保的人或保证合同中保证债务的承担者。具有代为清偿能力的法人、其他组织或者公民，可以做保证人。国家机关不得为保证人，但经国务院批准为使用外国政府或者国际经济组织贷款进行转贷的除外。学校、幼儿园、医院等以公益为目的的事业单位、社会团体也不得为保证人。企业法人的分支机构、职能部门不得为保证人，企业法人的分支机构有法人书面授权的，可以在授权范围内提供保证。

2. 保证合同

保证合同，是指保证人与债权人订立的在主债务人不履行其债务时，由保证人承担保证债务的协议。保证合同应当包括以下内容：被保证的主债权种类、数额；债务人履行债务的期限；保证的方式；保证担保的范围；保证的期间；双方需要约定的其他事项。

保证人与债权人应当以书面形式订立保证合同。保证人与债权人可单独订立保证合同，债权人、债务人与保证人也可共同订立一个合同，作为从合同的保证合同仅以保证条款的形式出现在主合同中，或者由保证人单方面出具保证书的形式，或者以保证人身份在主合同中签名或者盖章均可订立保证合同。

3. 保证方式

根据保证人承担保证责任的方式，可将保证方式分为一般保证和连带责任保证两种。

一般保证，是指保证人仅对债务人不能履行债务负补充责任的保证。如当事人在保证合同中约定，债务人不能履行债务时，由保证人承担保证责任的，则为一般保证。

一般保证的保证人在主合同纠纷未经审判或者仲裁，并就债务人财产依法强制执行仍不能履行债务前，对债权人可以拒绝承担保证责任。这种拒绝向债权人承担保证责任的权利称之为先诉抗辩权。一般保证人虽享有先诉抗辩权，但在法律规定的情形下，一般保证人会丧失先诉抗辩权而不得行使之。根据担保法的规定，有下列情形的，一般保证人不得行使先诉抗辩权：①债务人住所变更，致使债权人要求其履行债务发生重大困难的；②人民法院受理债务人破产案件，中止执行程序的；③保证人以书面形式放弃前款规定的权利的。

连带责任保证，是指保证人在债务人不履行债务时与债务人负连带责任的保证。当事人在保证合同中约定保证人与债务人对债务承担连带责任的，为连带责任保证。连带责任保证的债务人在主合同规定的债务履行期届满没有履行债务的，债权人既可以要求债务人履行债务，也可以要求保证人在其保证范围内承担保证责任。连带责任保证中，保证人不享有先诉抗辩权。

保证人以何种方式承担保证责任，由当事人在保证合同中约定。当事人对保证方式没有约定或者约定不明确的，按照连带责任保证承担保证责任。

4. 保证期间

保证期间，是指当事人承担担保责任的存续期间。在保证期内，债权人有权要求保证人承担保证责任，超过保证责任期间，保证人无须承担保证责任。

根据担保法的有关规定，当事人可以约定保证期间，也可由法律直接规定。如当事人没有约定保证期间，则法定保证期间为主债务履行期届满之日起 6 个月。保证合同约定的保证期间早于或等于主债务履行期限的，视为没有约定，保证期间为主债务履行期届满之日起 6 个月；保证合同约定保证人承担保证责任直至主债务本息还清为止等类似内容的，视为约定不明，保证期间为主债务履行期届满之日起 2 年。主合同对主债务履行期限没有约定或者约定不明的，保证期间自债权人要求债务人履行义务的宽限期届满之日起计算。保证期间不因任何事由发生中断、中止、延长的法律后果。

5. 保证责任

保证责任又称为保证债务或保证义务，是指保证人依照保证合同的约定，在主债务人不履行债务时，向债权人承担的代主债务人履行债务或赔偿损失的义务。根据担保法的规定，保证人承担保证责任的方式有两种：一是代为履行，二是承担赔偿责任。但是，只有非专属性的债务，才可由他人代为履行。若主债务是专属性债务，保证人不能代为履行，只能承担主债务不履行的赔偿责任。保证担保的范围包括主债权及利息、违约金、损害赔偿金和实现债权的费用。保证合同另有约定的，按照约定。当事人对保证担保的范围没有约定或者约定不明确的，保证人应当对全部债务承担责任。

(二) 抵押

抵押，是指债务人或者第三人不转移财产的占有而提供该财产作为债务履行的担保。抵押权，是指当债务履行期届满债务人不履行债务时，抵押权人可就抵押财产优先受偿其债权的权利。在抵押法律关系中，提供财产的人为抵押人，提供的财产为抵押物，享有抵押权的人为抵押权人。

1. 抵押物

当事人在抵押合同中应明确抵押财产。并非任何财产都可以用作抵押，只有以法律许可抵押的财产设立抵押的，抵押权才可以设立。可以设定抵押权的财产应满足下列四个条件：①具有独立交换价值；②具有可转让性；③财产权属明晰；④具有可登记性。

根据物权法的规定，债务人或者第三人有权处分的下列财产可以抵押：①建筑物和其他土地附着物；②建设用地使用权；③以招标、拍卖、公开协商等方式取得的荒地等土地承包经营权；④生产设备、原材料、半成品、产品；⑤正在建造的建筑物、船舶、航空器；⑥交通运输工具；⑦法律、行政法规未禁止抵押的其他财产。

物权法不仅规定了可以抵押的财产，而且还采用反面排除的方法列举了不得抵押的财产。根据物权法的规定，下列财产不得抵押：①土地所有权；②耕地、宅基地、自留地、自留山等集体所有的土地使用权，但法律规定可以抵押的除外；③学校、幼儿园、医院等以公益为目的的事业单位、社会团体的教育设施、医疗卫生设施和其他社会公益设施；④所有权、使用权不明或者有争议的财产；⑤依法被查封、扣押、监管的财产；⑥法律、行政法规规定不得抵押的其他财产。

2. 抵押合同

抵押权的设定应当按照法律规定由当事人即抵押人和抵押权人订立抵押合同，且抵押合同须采用书面形式。若当事人虽未采用书面形式订立抵押合同，但已经履行了合同的，如办理了抵押登记，抵押合同仍然成立。

抵押合同一般应包括以下条款：①被担保债权的种类和数额；②债务人履行债务的期限；③抵押财产的名称、数量、质量、状况、所在地、所有权归属或者使用权归属；④担保的范围。抵押合同不完全具备前款规定内容的或者对上述内容约定不明确的，并不因此而不成立或无效，当事人可以协商予以补充，也可以通过其他方式予以补正。抵押合同对被担保的主债权种类、抵押财产没有约定或者约定不明，根据主合同和抵押合同不能补正或者无法推定的，抵押不成立。

3. 抵押权的效力

（1）抵押登记

抵押登记，也称抵押权登记，是指将抵押财产上的抵押权的状态登记于财产权利登记簿上。根据我国物权法的规定，以不动产和正在建造中的建筑物抵押的，抵押登记机构是该抵押财产所在地的登记机构。以交通运输工具以及正在建造的船舶、航空器抵押的，抵押登记机构为同类运输工具的登记机构。以其他动产抵押的，抵押登记机构为抵押人所在地的工商行政管理部门。关于抵押登记的效力，我国对于不动产抵押权和权利抵押权采取登记生效主义，对动产抵押权采取登记对抗主义。

（2）抵押担保的范围

抵押权的效力范围，是指抵押权实现时，抵押权人能够实现优先受偿的债权范围。根据担保法的规定，抵押担保的范围包括主债权及利息、违约金、损害赔偿金和实现抵押权的费用。抵押合同另有约定的，按照约定。

4. 抵押权的实现

根据物权法规定，抵押权的实现应当具备以下条件：一是抵押权有效存在；二是债务人不履行到期债务或发生当事人约定的实现抵押权的情形；三是在法律规定的期间行使。抵押权人应当在主债权诉讼时效期间行使抵押权，未行使的，人民法院不予保护。

抵押权实现的方式主要包括了折价、拍卖、变卖三种方式。在抵押权实现时，抵押合同明确约定了抵押权实现方式的，按其约定，如果抵押合同没有约定，抵押权人和抵押人可协议采取何种方式，协议损害其他债权人利益的，其他债权人可以在知道或者应当知道撤销事由之日起1年内请求人民法院撤销该协议。抵押权人与抵押人未就抵押权实现方式达成协议的，抵押权人可以请求人民法院拍卖、变卖抵押财产。抵押财产折价或者变卖的，应当参照市场价格。

（三）质押

质押，是指债务人或第三人将动产或权利交予债权人占有，作为债务履行担保的行为。质权，是指债务人不履行到期债务或发生当事人约定的情形时，债权人可以占有的由债务人或第三人提供的作为质押担保的财产优先受偿的权利。在质权法律关系中，享有质权之人为质权人，提供财产质押的债务人或第三人为出质人，债务人或第三人提供设立质权的行为为质押，用于设立质权的财产为质押财产或质物。根据我国担保法的规定，我国的质押分为动产质押和权利质押两类。

1. 动产质押

动产质押，是指债务人或第三人将其动产转移给债权人占有，将该动产作为债权的担保。

动产质权的设定是动产质权取得的方式之一。除动产质权的设立外，其他如继承、受让等方式取得动产质权的，为质权的转移继受取得。没有质权的设立，也就不会发生质权。当事人设立质权的行为也就是质押法律行为，即质权合同。质押合同为诺成合同，原则上自双方当事人意思表示一致时成立，质物占有的移转不是合同的生效要件，是质权的生效要件。

质押合同中，当事人为出质人和质权人。出质人应为质押财产的所有人或者有权处分的人，但是，出质人以自己无权处分的财产出质的，法律保护善意质权人的权利。善意质权人行使质权给动产所有人造成损失的，由出质人承担赔偿责任。质权人是质权成立后享有质权的人，因为质权是担保债权的，所以质权人须为动产质权所担保的债权的主债权人。质权成立后，质权人须占有质押财产，且对质押财产负有保管义务。

质权自出质人交付质押财产时设立。只有在出质人依质权合同的约定将质押财产交付给质权人占有时，质权才能成立，或者说质权人才能取得质权。债务人或者第三人未按质押合同约定的时间移交质物，因此给质权人造成损失的，出质人应当根据其过错承担赔偿责任。出质人以间接占有的财产出质的，质押合同自书面通知送达占有人时视为移交。占有人收到出质通知后，还接受出质人的通知处分出质财产的，该处分无效。

动产质权所担保的范围，以质权合同中的约定为准。质权合同对担保范围没有约定或者约定不明确的，质权所担保的范围包括主债权及其利息、违约金、损害赔偿金、保管担保财产和实现担保物权的费用。

2. 权利质押

权利质押，是指债务人或第三人以所有权、用益物权以外的其他财产权利为标的而设立的担保物权。除法律另有规定外，权利质押适用动产质押的有关规定。

根据物权法的规定，债务人或者第三人有权处分的下列权利可以出质：①汇票、支票、本票；②债券、存款单；③仓单、提单；④可以转让的基金份额、股权；⑤可以转让的注册商标专用权、专利权、著作权等知识产权中的财产权；⑥应收账款；⑦法律、行政法规规定可以出质的其他财产权利。

以上述权利出质，须订立书面合同，质权自权利凭证交付或在有关部门办理出质登记时设立。

（四）留置

留置，是指债权人按照合同约定占有债务人的动产，债务人不按照合同约定的期限履行债务的，债权人有权留置该财产，以该财产折价或者以拍卖、变卖该财产的价款优先受偿。留置权，是指债权人依合同约定占有债务人的动产，在债务人不按照合同约定的期限履行债务时，债权人可以留置该动产，以作为债权担保的权利。

1. 留置权的成立条件

（1）债权人合法占有了债务人的动产

债权人占有债务人的财产，是留置权成立的先决条件。留置权的成立须按照合同约定一方占有对方的财产，因而只有合同之债的债权人才能为留置权的主体。

（2）债权人占有的动产与债权属于同一法律关系

所谓同一法律关系通常包括三种情形：①债权是由该动产本身而发生；②债权与该动产的返还义务系基于同一法律关系而发生的；③债权与该动产的返还义务系基于同一事实关系而发生。但企业之间的留置除外。

（3）债务人不履行到期债务

债权已届清偿期，债务人的履行义务尚未到期，而债权人交付其占有的标的物的义务已经到期，则不成立债权人的留置权。因为债务人义务未到期，则不发生债务人不履行义务的问题。而债权人只能在债务人不履行义务的情况下，才可以留置与此有关的标的物，以确保自己的债权。

2. 留置权的实现

留置权的实现，是指留置权人将留置财产变价并使被担保债权优先受偿。留置权的成立，并不等于留置权的实现。留置权的实现须满足以下条件：

（1）债权人持续占有债务人的动产

留置权的发生和存续以留置权人占有留置财产为条件。留置权成立后，留置权人丧失对留置财产的持续占有，留置权归于消灭。但因侵权有为致使留置权人暂时丧失留置财产，债权人恢复占有的，仍可行使留置权。

（2）确定了债务人履行债务的宽限期并通知债务人在宽限期内履行债务

留置财产后，留置权人须给债务人一定的债务履行的宽限期。期限可由留置权人与债务人约定，如果没有约定或者约定不明确的，留置权人应当给债务人2个月以上履行债务的期间，但鲜活易腐等不易保管的动产除外。在确定了宽限期后，还须通知债务人在期限内履行债务。

（3）债务人在宽限期内仍未履行债务，也未另行提供担保

如债务人在宽限期内履行了义务或者债务人在宽限期内提供了另外的担保，留置权人的债权也得到保障，留置权也应消灭。只有在债务人于宽限期内仍未履行债务，且未提供其他担保的，留置权人才可以实现留置权。

留置权人可以与债务人协议以留置财产折价，也可以就拍卖、变卖留置财产所得的价款优先受偿。留置财产折价或者拍卖、变卖后，其价款超过债权数额的部分归债务人所有，不足部分由债务人清偿。

第四节 合同的变更与违约责任

一、合同的变更

（一）合同的变更

合同的变更，是指有效成立的合同在尚未履行或未履行完毕之前，由于一定法律事实的出现而使合同内容发生改变。合同内容的变更须以有效成立的合同为前提。经当事人协商一致，可以变更合同内容。法律、行政法规规定变更合同应当办理批准、登记等手续的，依照其规定。当事人对合同变更的内容约定不明确的，推定为未变更。

合同变更后，合同中变更部分的权利义务消灭，原合同中未变更的部分仍然保持原有的状态。合同的变更仅对未履行完毕的部分发生法律效力，对已经履行的部分没有溯及力，当事人不能主张对已经履行完毕的债权债务关系按变更后的内容重新履行。

（二）合同的转让

合同的转让即合同主体的变更，包括合同债权的转让、合同债务的承担以及合同债权

债务的概括转移三种情况。

1. 合同债权的转让

合同债权的转让，是指债权人将合同的权利全部或部分转让给第三人。债权人为让与人，第三人为受让人。债权的有效存在是债权转让的基本前提，以不存在或已消灭的合同债权让与他人的，受让人因此受到的损失，应由让与人承担赔偿责任。合同债权的转让只需要让与人与受让人达成意思一致即可，即无须债务人同意就可完成债权的转让。但下列债权不得转让：①根据合同性质不得转让；②按照当事人约定不得转让；③依照法律规定不得转让。

债权人转让债权时，应当通知债务人。未经通知，该转让对债务人不发生效力。债权人转让权利的通知不得撤销，但经受让人同意的除外。

债权转让有效成立后，受让人即取得了受让的合同债权，如果转让的是全部债权，则受让人作为新的债权人就代替了原债权人的法律地位；如果是部分转让的，则受让人加入债权债务关系，成为共同债权人。债权人转让权利的，受让人取得与债权有关的从权利，但该从权利专属于债权人自身的除外。债务人接到债权转让通知后，债务人对让与人的抗辩，可以向受让人主张。债务人接到债权转让通知时，债务人对让与人享有债权，并且债务人的债权先于转让的债权到期或者同时到期的，债务人可以向受让人主张抵销。

2. 合同债务的承担

合同债务的承担，是指债务人将合同的义务全部或部分转让给第三人承担。要实现债务的承担需要满足以下三个条件：①须有有效的债务存在。以本来不存在的债务订立债务承担合同，不发生债务承担的效力。②债务具有可移转性。依照法律规定不能转让的债务、性质上不可转让的债务、债权人和债务人约定不能转让的债务和合同中的不作为义务均不具有可移转性。③债务的承担需要经过债权人同意。

合同债务承担后，新债务人可以主张原债务人对债权人的抗辩。债务承担后，新债务人应当承担与主债务有关的从债务，但该从债务专属于原债务人自身的除外。法律、行政法规规定转让权利或者转移义务应当办理批准、登记等手续的，依照其规定。

3. 合同债权债务的概括转移

合同债权债务的概括转移，是指合同一方当事人将权利义务一并转让给第三人，即债权债务的受让人完全取代让与人的法律地位，成为合同的当事人。一般而言，债权债务的概括转移包括意定的概括转移和法定的概括转移。

意定的概括转移，是指合同的一方当事人和第三人订立合同，经相对方当事人同意后，将合同的权利义务一并转让给第三人。意定的概括转移须满足三个条件：①合同当事人一方与第三人达成合意，且取得另一方当事人的同意；②转让的合同为双务合同；③依照法律、行政法规必须采取特定形式的合同，转让时要符合法律规定。

法定的概括转移，是指因为法定事实的发生而使得一方当事人将权利义务转移给了第三人。当合同当事人出现分立或合并时，就会发生法定的概括转移。根据合同法的规定，当事人订立合同后合并的，由合并后的法人或者其他组织行使合同权利，履行合同义务。当事人不得以合并为由，请求变更或解除合同。当事人订立合同后分立的，如果债权人和债务人就债权债务分配已有约定，则按当事人的约定来处理债权债务关系；如果没有约定，则由分立后的法人或者其他组织对合同的权利和义务享有连带债权，承担连带债务。分立后的当事人不得以名称、组织机构或经营范围的变更为由，拒绝接受合同权利或义务。

（三）合同的终止

合同的终止，是指发生法律规定或当事人约定的情况，使合同当事人之间的权利义务关系消灭，从而终止合同的法律效力。根据合同法的规定，引起合同终止的情形有以下六类：

1. 债务已经按照约定履行

这是合同终止的最主要、最正常的原因，在当事人均严格按照合同约定和法律规定履行了债务的情况下，债权债务得到了清偿，合同消灭，权利和义务关系终止。

合同履行一般由债务人亲自实施，债务人的代理人、第三人代为清偿的，也可以发生清偿的效力，但合同约定或依照合同性质不能由第三人代为清偿的除外。

债务人的给付不足以清偿其对同一债权人所负的数笔相同种类的全部债务时，应当优先抵充已到期的债务；几项债务均到期的，优先抵充对债权人缺乏担保或者担保数额最少的债务；担保数额相同的，优先抵充债务负担较重的债务；负担相同的，按照债务到期的先后顺序抵充；到期时间相同的，按比例抵充。但是，债权人与债务人对清偿的债务或者清偿抵充顺序有约定的除外。债务人除主债务之外还应当支付利息和费用，当其给付不足以清偿全部债务，并且当事人没有特别约定的，人民法院应当按照下列顺序抵充：实现债权的有关费用；利息；主债务。

2. 合同解除

合同解除，是指合同有效成立后没有履行或没有履行完毕前，当事人双方通过协议或者一方通过行使解除权，提前终止合同权利义务。合同解除分为合意解除和法定解除两种情形。

（1）合意解除

合意解除，是指根据当事人事先约定的情况或经当事人协商一致而解除合同。合意解除又可细分为约定解除和协商解除。约定解除是一种单方解除，即双方在订立合同时，约定了合同当事人一方解除合同的条件。条件成就时，解除权人就可以通过行使解除权而终止合同。协议解除一般出现在合同有效成立后，因新情况的出现，当事人双方都希望解除合同，根据合同自由原则，法律应予允许，并且对协议解除合同不多加干预，而由当事人自己商定解除的程序、时间、方式和后果。

（2）法定解除

法定解除，是指当法律直接规定的解除权产生条件具备时，解除权人通过行使解除权解除合同的行为。根据合同法的规定，法定解除具体包括以下情形：①因不可抗力致使合同目的不能实现；②在履行期限届满之前，当事人一方明确表示或者以自己的行为表明不履行主要债务；③当事人一方迟延履行主要债务，经催告后在合理期限内仍未履行；④当事人一方迟延履行债务或者有其他违约行为致使不能实现合同目的；⑤法律规定的其他情形。

法律规定或者当事人约定解除权行使期限，期限届满当事人不行使的，该权利消灭。法律没有规定或者当事人没有约定解除权行使期限，经对方催告后在合理期限内仍不行使的，该权利消灭。

当事人一方主张解除合同的，应当通知对方。合同自通知到达对方时解除。对方有异议的，可以请求人民法院或者仲裁机构确认解除合同的效力。法律、行政法规规定解除合同应当办理批准、登记等手续的，依照其规定。对方虽有异议，但在约定的异议期限届满后才提出异议并向人民法院起诉的，人民法院不予支持；当事人没有约定异议期间，在解除合同或者债务抵销通知到达之日起 3 个月以后才向人民法院起诉的，人民法院不予支持。

3. 债务相互抵销

抵销，是指当事人互负债务时，各以其债权充当债务的清偿，而使双方的债务在对等额度内消灭的行为。抵销分为法定抵销和约定抵销。

法定抵销，是指当事人互负同种类债务，且债务已届清偿期，一方主张以债权与对方的债权按对等数额消灭的单方意思表示。其中用作抵销的债权为主动债权，被抵销的债权为被动债权。根据合同法的规定，法定抵销的构成要件包括：①双方当事人互负债务，互享债权;②双方债务种类、品质相同;③双方债务均已届清偿期;④双方债务均不属于不能抵销的债务。当事人主张抵销的,应当通知对方,通知自到达对方时生效。抵销不得附条件或者附期限。

约定抵销,是指根据当事人之间的协议消灭相互间所负的债务。根据合同法的规定,当事人互负债务,标的物种类、品质不相同的,经双方协商一致,也可以抵销。

4. 债务人依法将标的物提存

提存,是指出于不可归责于债务人的原因导致债务人无法交付标的物时,债务人可以将标的物交给提存机关保存,以达到消灭债务目的的制度。根据合同法的规定,有下列情形之一,难以履行债务的,债务人可以将标的物提存:①债权人无正当理由拒绝受领;②债权人下落不明;③债权人死亡未确定继承人或者丧失民事行为能力未确定监护人;④法律规定的其他情形。标的物不适于提存或者提存费用过高的,债务人依法可以拍卖或者变卖标的物,提存所得的价款。

标的物提存后,除债权人下落不明的以外,债务人应当及时通知债权人或者债权人的继承人、监护人。标的物提存后,毁损、灭失的风险由债权人承担。提存期间,标的物的孳息归债权人所有,提存费用由债权人负担。债权人可以随时领取提存物,但债权人对债务人负有到期债务的,在债权人未履行债务或者提供担保之前,提存部门根据债务人的要求应当拒绝其领取提存物。债权人领取提存物的权利,自提存之日起 5 年内不行使而消灭,提存物扣除提存费用后归国家所有。

5. 债权人免除债务

免除,是指债权人以消灭债权为目的抛弃债权的行为。免除为单方法律行为,自债权人向债务人或其代理人表示后,即发生法律效力。一旦债权人作出免除的意思表示,即不得撤回。免除发生债务绝对消灭的效力。因免除使债权消灭,债权的从权利,如利息债权、担保权等,也同时归于消灭。仅免除部分债务,债务仅部分终止。

6. 债权债务同归于一人

债权债务同归于一人,也叫混同,是指债权和债务同归于一人,致使合同权利义务消灭的事实。混同的成立仅以债权债务同归于一人的事实为要件,无须任何人的意思表示。例如企业合并的情形,合并后债权债务一并归于合并企业。

二、违约责任

（一）违约责任的概念

违约责任又称违反合同的民事责任，是指合同当事人不履行合同义务或履行合同义务不符合约定时所承担的法律后果。违约责任作为民事责任的一种，除具有民事责任的一般特征外，还有自己的特征：

1. 违约责任以违反合同义务为前提

违约责任的产生以合同债权债务关系的存在为前提，一方不履行债务或不适当履行债务均会引发违约责任。

2. 违约责任具有相对的任意性

因违约责任可由当事人在合同中依法约定，例如合同法规定，当事人可以约定一方违约时应当根据违约情况向对方支付一定数额的违约金，也可以约定因违约产生的损失赔偿额的计算方法。承认违约责任具有一定的任意性，并不意味着否定和减弱了违约责任的强制性。

3. 违约责任具有相对性

违约责任只能在特定的当事人之间即合同关系的债权人和债务人之间发生，合同关系以外的第三人不负违约责任，合同当事人也不对第三人承担违约责任。根据合同法规定，当事人约定由债务人向第三人履行债务的，债务人未向第三人履行债务或者履行债务不符合约定，应当向债权人承担违约责任。当事人约定由第三人向债权人履行债务的，第三人不履行债务或者履行债务不符合约定，债务人应当向债权人承担违约责任。债务人承担违约责任后有权向第三人追偿。

4. 违约责任具有补偿性

违约责任主要是财产责任，一方当事人如违反合同义务，会给另一方造成财产损失。而违约责任的目的主要是弥补或补偿因违约行为而给债权人造成的损失。

（二）违约行为

违约行为，是指合同当事人不履行或不适当履行合同义务的行为。按照具体违反合同义务情形的不同，违约行为可以分为以下五种：

1. 预期违约

预期违约，是指合同履行期限到来之前，当事人一方明确表示或以自己的行为表明不履行合同的义务的行为。预期违约是英美法系从判例中发展而来的制度，它与大陆法系国家或地区实施的届期违约的区别在于两者违约的时间不同：预期违约在履行期届满前违约，届期违约则是在履行期届满后的违约。预期违约又分为明示预期违约和默示预期违约。

2. 履行不能

履行不能，是指债务人由于某种原因不能履行其债务。以是否可归责于债务人为标准，可将履行不能分为主观不能和客观不能；以履行不能发生的时间为标准，可将履行不能分为自始不能和嗣后不能；以导致履行不能的事实的性质为标准，可将履行不能分为事实不能与法律不能。

3. 迟延履行

迟延履行包括债务人迟延履行和债权人迟延履行。债务人迟延履行，是指合同履行期限或债权人指定的合理期限届满后，债务人未履行债务。债权人迟延履行，是指债权人对于债务人的履行应当接受而无正当理由不予接受。

4. 瑕疵履行

瑕疵履行，是指债务人履行的标的不符合合同约定的质量标准，具体可分为违约瑕疵履行和损害瑕疵履行两类。瑕疵违约，是指债务人履行的标的物仅在品种、规格、技术要求等方面不符合合同法的约定。损害瑕疵，是指债务人因交付的标的物的缺陷而造成他人人身、财产损害的行为。

5. 不适当履行

不适当履行，是指除瑕疵履行之外，债务人未按合同约定的标的、数量、履行方式和地点而履行债务的行为，例如部分履行行为、履行方式不适当、履行地点不适当等。

(三) 违约责任的形式

1. 继续履行

继续履行，又称实际履行、强制实际履行，是指债权人在债务人不履行合同义务时，可请求人民法院或仲裁机构强制债务人实际履行合同义务。实际履行与其他救济方式相比，更强调违约方按合同约定的标的物履行义务，从而更有利于实现非违约方的订约目的。当事人一方不履行非金钱债务或者履行非金钱债务不符合约定的,对方可以要求履行,但有下列情形之一的除外:①法律上或者事实上不能履行;②债务的标的不适于强制履行或者履行费用过高;③债权人在合理期限内未要求履行。

一方违约后,非违约方需要违约方继续履行的,须提出请求,未提出请求的,不得强制违约方继续履行,法院也不得主动援引这一责任形式。实际履行这一违约责任可以与支付违约金、支付赔偿金、定金责任并存,但不得与解除合同并存。

2. 补救措施

补救措施,是指债务人履行合同义务不符合约定,债权人在请求人民法院或者仲裁机构强制债务人实际履行合同的同时,可根据合同履行情况要求债务人采取的补救措施。按照合同法的规定,质量不符合约定的,应当按照当事人的约定承担违约责任。违约责任没有约定或者约定不明确,依照合同法的规定仍不能确定的,受损害方根据标的的性质以及损失的大小,可以合理选择要求对方承担修理、更换、重作、退货、减少价款或者报酬等违约责任。当事人一方不履行合同义务或者履行合同义务不符合约定的,在履行义务或者采取补救措施后,对方还有其他损失的,应当赔偿损失。

3. 赔偿损失

赔偿损失,是指合同一方当事人的违约行为给对方当事人造成损失时,违约方对对方当事人所作的经济补偿。当事人一方不履行合同义务或者履行合同义务不符合约定,给对方造成损失的,损失赔偿额应当相当于因违约所造成的损失,包括合同履行后可以获得的利益,但不得超过违反合同一方订立合同时预见到或者应当预见到的因违反合同可能造成的损失。当事人一方违约后,对方应当采取适当措施防止损失的扩大;没有采取适当措施致使损失扩大的,不得就扩大的损失要求赔偿。当事人因防止损失扩大而支出的合理费用,由违约方承担。

4. 支付违约金

违约金,是指按照当事人约定或者法律规定,一方当事人违约时应当根据违约情况向对方支付的一定数额的货币。此种责任形式只有在当事人有明确约定或法律有规定时才适用,否则就只能适用其他的违约责任方式。

当事人可以约定一方违约时应当根据违约情况向对方支付一定数额的违约金,也可以约定因违约产生的损失赔偿额的计算方法。约定的违约金低于造成的损失的,当事人可以请求人民法院或者仲裁机构予以增加;约定的违约金过分高于造成的损失的,当事人可以请求人民法院或者仲裁机构予以适当减少。当事人就迟延履行约定违约金的,违约方支付违约金后,还应当履行债务。当事人既约定违约金,又约定定金的,一方违约时,对方可以选择适用违约金或者定金条款。

(四)违约责任的免除

违约责任的免除,是指合同生效后,当事人之间因不可抗力致使合同不能履行时,依法可以免除责任。不可抗力是违约责任免责的法定事由。根据合同法的规定,不可抗力是指不能预见、不能避免且不能克服的客观情况。这种不可抗力主要包括三类:①自然灾害;②政府行为;③社会异常事件。因不可抗力不能履行合同的,根据不可抗力的影响,部分或者全部免除责任,但法律另有规定的除外。当事人迟延履行后发生不可抗力的,不能免除责任。当事人一方因不可抗力不能履行合同的,应当及时通知对方,以减轻可能给对方造成的损失,并应当在合理期限内提供证明。

第五章 经济竞争法律制度

第一节 反不正当竞争法

一、不正当竞争行为的类型

我国《反不正当竞争法》不仅对"不正当竞争"的概念作出了明确的界定,还对"经营者"的概念作了界定。所谓不正当竞争,是指经营者在生产经营活动中,违反本法规定,扰乱市场竞争秩序,损害其他经营者或者消费者的合法权益的行为。

本法所称的经营者,是指从事商品生产、经营或者提供服务(以下所称商品包括服务)的自然人、法人和非法人组织。

我国目前存在的不正当竞争行为可归纳为以下七种类型。

(一)混淆行为

修订后的《反不正当竞争法》对"山寨"行为的规制更加明确,有利于企业更好地保护其知识产权以外的标识类权益。

《反不正当竞争法》第六条规定,经营者不得实施下列混淆行为,引人误认为是他人商品或者与他人存在特定联系:①擅自使用与他人有一定影响的商品名称、包装、装潢等相同或者近似的标识;②擅自使用他人有一定影响的企业名称(包括简称、字号等)、社会组织名称(包括简称等)、姓名(包括笔名、艺名、译名等);③擅自使用他人有一定影响的域名主体部分、网站名称、网页等;④其他足以引人误认为是他人商品或者与他人存在特定联系的混淆行为。

"山寨"行为的核心判断标准为"引人误认"。"引人误认"除了包括引人误认为是他人商品,还包括误认为与他人存在特定联系。

具体而言就是,旧的《反不正当竞争法》规制的是商品仿冒,即消费者错把与A商品极端相似的 B 商品当成是 A 商品而购买；而修订后的《反不正当竞争法》的"混淆"概念更加广义，它还包括没有把 B 商品当成 A 商品，但可能认为 B 商品是 A 商品这个厂家的二线商品，或者让消费者认为 B 商品和 A 商品这种大牌有合作，进而认定它的品质。修订后的《反不正当竞争法》对这些仿冒行为予以打击并严惩。

一个好的产品经常遇到的问题就是层出不穷的各种"山寨"行为。"山寨"企业除了直接抄袭市场上的知名商品的商标或外观专利以外，更多的是将市场上有一定知名度的商品名称、企业名称、包装、装潢等用于自己的产品或服务，或者是将别人有一定知名度的商标注册为企业名称，等等。

修订后的《反不正当竞争法》的规定相对而言更为简单、明确，只要相关权利受到"一定影响"，就应受到保护；只要相关行为"引人误认为是他人商品"或者"与他人存在特定联系"，就应受到规制。

而且修订后的《反不正当竞争法》还增加了保护范围，将"域名主体部分、网站名称、网页"等纳入保护范围，同时增加了一般性条款，将其他足以引人误认为是他人商品或者与他人存在特定联系的混淆行为纳入规制范围，以适应不断变化的市场竞争环境。

这些修订将有利于企业更好地保护其知识产权以外的相关权益，更好地制止"山寨"企业的抄袭、模仿等混淆性或者误导性行为。

（二）商业贿赂行为

修订后的《反不正当竞争法》对于"商业贿赂"行为的界定更加明确，有利于企业更加清楚商业贿赂和正常的商业促销行为之间的界限，减少日常运营中的法律风险。

旧的《反不正当竞争法》第八条将交易对方单位纳入商业贿赂受贿对象予以规制，导致很多企业因向经销商、超市、医院等交易对方支付促销费用，提供折扣、免费商品或者器材等行为而被地方工商行政管理部门按照商业贿赂查处。

修订后的《反不正当竞争法》则明确将商业贿赂的受贿对象规定为三类，从而将商业贿赂的受贿对象限定于对交易对象负有职责和义务的个人或中间人（相当于交易对象的"代理人"）。比如，超市向供应商收取的"入门费"、医院向医药企业收取的各类赞助（包括常见的赠送医疗器械以促销医疗耗材的营销模式）、轮胎行业给付销售奖励的营销模式等，过去这些行为在很多地方是被工商行政管理部门按照商业贿赂查处的，今后不宜再按商业贿赂查处。

根据此规定，交易对象本身被排除在商业贿赂对象之外，从而回到了商业贿赂应以对交易对象负有义务的代理人为对象的基本逻辑，有助于厘清商业贿赂与正常的市场竞争行为之间的界限。新《反不正当竞争法》实施后，工商部门不能再以企业向交易对象提供折扣、支付费用等为由进行查处，而此前不少企业均因此纷纷"中招"。

（三）虚假宣传行为

修订后的《反不正当竞争法》对于商业宣传行为进行了更加清晰严格的界定，实际上扩大了《反不正当竞争法》针对广告宣传行为的审查和违规惩处力度，有助于行业知名企业打击行业内的"傍名牌""搭便车"等不正当竞争行为。

修订后的《反不正当竞争法》将原来作为前提条件的"引人误解"改为与"虚假宣传"相并列的情形（旧的《反不正当竞争法》实际上缩小了不正当竞争中宣传行为的范围），同时对可能的"虚假"或者"引人误解"的情形作了更为详细的列举，并将网络购物平台普遍存在的组织虚假评价和虚假交易等行为纳入管辖范围。

综上，修订后的《反不正当竞争法》第八条所规定的虚假宣传行为可以分为三类：欺骗型虚假宣传、误导型虚假宣传和帮助他人进行虚假宣传。

（四）侵犯商业秘密的行为

商业秘密既包括技术信息，也包括经营信息。修订后的《反不正当竞争法》第九条规定，经营者不得实施下列侵犯商业秘密的行为：

1. 以盗窃、贿赂、欺诈、胁迫或者其他不正当手段获取权利人的商业秘密。
2. 披露、使用或者允许他人使用以前项手段获取的权利人的商业秘密。
3. 违反约定或者违反权利人有关保守商业秘密的要求，披露、使用或者允许他人使用其所掌握的商业秘密。

第三人明知或者应知商业秘密权利人的员工、前员工或者其他单位、个人实施前款所列违法行为，仍获取、披露、使用或者允许他人使用该商业秘密的，视为侵犯商业秘密。

本法所称的商业秘密，是指不为公众所知悉、具有商业价值并经权利人采取相应保密措施的技术信息和经营信息。

修订后的《反不正当竞争法》将"商业秘密"的定义从原来的"不为公众所知悉、能为权利人带来经济利益、具有实用性并经权利人采取保密措施的技术信息和经营信息"修改为"不为公众所知悉、具有商业价值并经权利人采取相应保密措施的技术信息和经营信息"。这一修改，将商业秘密的构成要件从原来的秘密性、保密性、价值性和实用性缩减为秘密性、保密性和价值性三个构成要件，显然，这一修改非常科学。

这是因为，商业秘密原有的"实用性"导致一些有"消极价值"但没有"积极价值"

的商业秘密难以得到法律保护。商业秘密的价值性要求使用该商业秘密可以为权利人带来经济利益,提升竞争优势。这种利益包括现实的经济利益,也包括潜在的经济价值,具体表现为能够改进技术、提高劳动生产率或产品质量,能够有助于改善企业经营管理绩效、降低成本和费用。一般而言,具有价值性的商业信息同时也具有实用性,但是,在某些情形中,一些表面上不能直接实施应用的方案和技术却同样耗费了研发人员大量的时间和财力,具有潜在的、"消极的"价值,例如,失败的研究数据、失败的经营方式和经营模式等,虽然不能带来积极的经济利益,但是能降低研发成本,使研发少走弯路,同样具有值得保护的经济价值,应当受到《反不正当竞争法》的保护。

(五) 不正当的有奖销售行为

经营者进行有奖销售不得存在下列情形:
1. 所设奖的种类、兑奖条件、奖金金额或者奖品等有奖销售信息不明确,影响兑奖。
2. 采用谎称有奖或者故意让内定人员中奖的欺骗方式进行有奖销售。
3. 抽奖式的有奖销售,最高奖的金额超过五万元。
修订后的《反不正当竞争法》将最高奖的限定金额从五千元提高到了五万元。

(六) 商业诽谤行为

商业诽谤行为,又称诋毁商誉行为,指以捏造、散布虚假事实的方式,损害竞争对手的商业信誉或商品声誉的行为。修订后的《反不正当竞争法》新增了编造、传播误导性信息的情节。修订后的《反不正当竞争法》第二十三条规定,商业诽谤行为处十万元以上五十万元以下的罚款;情节严重的,处五十万元以上三百万元以下的罚款。这改变了旧法商业诋毁行为没有罚则的尴尬局面。

(七) 违法提供网络产品和服务的行为

修订后的《反不正当竞争法》第十二条规定,经营者利用网络从事生产经营活动,应当遵守本法的各项规定。经营者不得利用技术手段,通过影响用户选择或者其他方式,实施下列妨碍、破坏其他经营者合法提供的网络产品或者服务正常运行的行为:
1. 未经其他经营者同意,在其合法提供的网络产品或者服务中,插入链接、强制进行目标跳转。
2. 误导、欺骗、强迫用户修改、关闭、卸载其他经营者合法提供的网络产品或者服务。

3. 恶意对其他经营者合法提供的网络产品或者服务实施不兼容。

4. 其他妨碍、破坏其他经营者合法提供的网络产品或者服务正常运行的行为。

显然，随着技术发展和网络成熟，竞争技术化、市场网络化已经成为《反不正当竞争法》必须面对的现实图景，而修订后的《反不正当竞争法》第十二条，正是立法者对这一现状的积极回应。

从条文内容看，第十二条列举的四种情形主要涵盖了此类干扰网络市场秩序行为的特征：第一，恶意排除其他经营者的公平竞争机会；第二，恶意利用其他经营者商誉；第三，干扰、剥夺网络用户的"自由选择权"。

修订后的《反不正当竞争法》的一个重要目的就是实现与《反垄断法》有机衔接。为此，删除了公用企业限制竞争行为、搭售行为、低于成本价销售行为、行政性垄断行为的规定。这四种限制竞争和垄断的行为将通过《反垄断法》进行规制。另外，还删除了串通招投标行为的规定，此种不正当竞争行为将通过《中华人民共和国招标投标法》规制。

二、不正当竞争行为的法律责任

经营者违反《反不正当竞争法》规定，给他人造成损害的，应当依法承担民事责任。经营者的合法权益受到不正当竞争行为损害的，可以向人民法院提起诉讼。

因不正当竞争行为受到损害的经营者的赔偿数额，按照其因被侵权所受到的实际损失确定；实际损失难以计算的，按照侵权人因侵权所获得的利益确定。赔偿数额还应当包括经营者为制止侵权行为所支付的合理开支。

经营者违反《反不正当竞争法》第六条（混淆行为）、第九条（侵犯商业秘密）的规定，权利人因被侵权所受到的实际损失、侵权人因侵权所获得的利益难以确定的，由人民法院根据侵权行为的情节判决，给予权利人三百万元以下的赔偿。

经营者违反规定实施混淆行为的，由监督检查部门责令停止违法行为，没收违法商品。违法经营额五万元以上的，可以并处违法经营额五倍以下的罚款；没有违法经营额或者违法经营额不足五万元的，可以并处二十五万元以下的罚款。情节严重的，吊销营业执照。经营者登记的企业名称违反《反不正当竞争法》第六条规定的，应当及时办理名称变更登记；名称变更前，由原企业登记机关以统一社会信用代码代替其名称。

经营者违反规定贿赂他人的，由监督检查部门没收违法所得，处十万元以上三百万元以下的罚款。情节严重的，吊销营业执照。

经营者违反规定对其商品作虚假或者引人误解的商业宣传，或者通过组织虚假交易等方式帮助其他经营者进行虚假或者引人误解的商业宣传的，由监督检查部门责令停止违法行为，处二十万元以上一百万元以下的罚款；情节严重的，处一百万元以上二百万元以下的罚款，可以吊销营业执照。经营者违反《反不正当竞争法》第八条规定，属于发布虚假广告的，依照《广告法》的规定处罚。

经营者违反规定侵犯商业秘密的，由监督检查部门责令停止违法行为，处十万元以上五十万元以下的罚款；情节严重的，处五十万元以上三百万元以下的罚款。

经营者违反《反不正当竞争法》第十条规定进行有奖销售的，由监督检查部门责令停止违法行为，处五万元以上五十万元以下的罚款。

经营者违反规定妨碍、破坏其他经营者合法提供的网络产品或者服务正常运行的，由监督检查部门责令停止违法行为，处十万元以上五十万元以下的罚款；情节严重的，处五十万元以上三百万元以下的罚款。

第二节 反垄断法

一、垄断的概念与形式

（一）垄断的概念

反垄断法是调整国家规制垄断过程中所发生的社会关系的法律规范的总称。在经济学上，垄断最初的含义是指一个经营者独占某一个市场的结构状态，也称"独占"，因此经济学上的垄断是指一定的经济体为了特定的目的，凭借市场进入壁垒，对相关市场的排他性控制，包括垄断结构和垄断行为。在法学上，垄断作为反垄断法的规制对象，其概念随着各国和地区建立在一定社会经济基础之上的竞争政策的发展而不断变化。

当今世界，反垄断法主要从禁止达成和实施垄断协议、禁止滥用市场支配地位以及控制经营者集中等方面对垄断予以规制，显然，它所关注的垄断与市场结构意义上的"独占"相去甚远，而是"限制竞争"或"反竞争"的同义语。

（二）垄断的形式

垄断是市场经济发展的产物。随着经济的不断发展、进步，垄断的表现形式越来越复杂多样，各国根据自己的特点，在反垄断法中对垄断行为作出了不同的规定。虽然各国对垄断形式的具体规定很不一致，但尚可将其概括为以下三类。

1. 协议垄断

协议垄断是指企业之间通过合谋性协议，安排或协同行动，相互约束各自的经济活动，违反公共利益，在一定的交易领域内限制或妨碍竞争。这里的"协议"是广义上而言的，并不要求具有形式上的合同，只要企业之间有合谋或达成默契，即可视为存在协议。协议垄断包括横向限制和纵向限制两类。其中，横向限制是指处于同一生产或流通环节的、经济水平相当的企业之间通过协议，控制企业经济活动的某一特定方面，其表现为固定价格或其他交易条件，限制生产、销售、技术发展或投资，瓜分市场，联合抵制交易，歧视第三方竞争者，等等；而纵向限制是指处于不同流通环节的企业之间的垄断，其表现为维持转售价格、附不正当约束条件交易、附不当排他条件交易。

2. 滥用经济优势地位

滥用经济优势地位是指企业通过其市场力量的优势地位，限制竞争者进入市场或以其他方式不适当地限制竞争。其主要表现为强迫接受不公平的收购价格、销售价格或其他交易条件，对生产、销售或技术发展施加对消费者不利的限制，歧视交易条件，附加与交易标的无关的额外义务于交易对方。

3. 企业合并

合并是指两个或两个以上的企业合并经营，包括横向合并和纵向合并。一般而言，合并本身无可非议，但由于合并可能导致合并企业在市场中的垄断地位，因此，各国反垄断法皆对合并作了较为严格的规定。

此外，由于特殊的历史原因，当前我国经济生活中形形色色的限制竞争主要不是来自经济力量，而是来自旧体制下的行政权力。因此，行政性的限制竞争行为也构成我国反垄断法的一项重要内容。

二、反垄断法的适用范围

（一）反垄断法适用的地域范围

在反垄断法适用的地域范围方面，"属地原则加效果原则"被当今世界各国反垄断法广泛采用，我国也不例外。传统上，作为公法的反垄断法是纯粹的国内法，不具有域外效力，但在经济全球化的背景下，越来越多的国家依据效果原则，规定本国的反垄断法对发生在本国境外的垄断行为同样具有管辖权。所谓效果原则，是指只要发生在国外的垄断行为对国内市场竞争产生了影响，就可以对该垄断行为适用本国的反垄断法。我国《反垄断法》第二条规定，中华人民共和国境内经济活动中的垄断行为，适用本法；中华人民共和国境外的垄断行为，对境内市场竞争产生排除、限制影响的，适用本法。可见，对于反垄断法适用的地域范围，我国采用的就是属地原则与效果原则相结合的方法。

(二) 我国《反垄断法》适用的主体与行为类型

根据反垄断法的通例，我国《反垄断法》第三条对以"经营者"为主体的下列垄断行为予以规制：

1. 经营者达成垄断协议。
2. 经营者滥用市场支配地位。
3. 具有或者可能具有排除、限制竞争效果的经营者集中。

对这三种行为的规制制度是反垄断法实体规范的主体，通常被称作"反垄断法的三大支柱"。

(三) 主管机构、经营者与相关市场界定

《反垄断法》第九条规定，国务院设立反垄断委员会，负责组织、协调、指导反垄断工作，履行以下职责：①研究拟订有关竞争政策；②组织调查、评估市场总体竞争状况，发布评估报告；③制定、发布反垄断指南；④协调反垄断行政执法工作；⑤国务院规定的其他职责。

根据《反垄断法》第十二条的规定，《反垄断法》中所称的经营者，是指从事商品生产、经营或者提供服务的自然人、法人和其他组织。《反垄断法》中所称的相关市场，是指经营者在一定时期内就特定商品或者服务（以下统称商品）进行竞争的商品范围和地域范围。

三、垄断协议

根据《反垄断法》第十三条的规定，垄断协议是指排除、限制竞争的协议、决定或者其他协同行为。

(一)《反垄断法》禁止的横向垄断协议

横向垄断协议，也称卡特尔。《反垄断法》禁止具有竞争关系的经营者达成下列垄断协议：

1. 固定或者变更商品价格（也称价格卡特尔）。

2. 限制商品的生产数量或者销售数量（可统称为限制数量协议）。

3. 分割销售市场或者原材料采购市场（也称划分市场协议）。

4. 限制购买新技术、新设备或者限制开发新技术、新产品（也称限制创新的垄断协议）。

5. 联合抵制交易。

6. 国务院反垄断执法机构认定的其他垄断协议。

（二）《反垄断法》禁止的纵向垄断协议

与横向垄断协议发生在处于生产或销售链条同一环节中的经营者之间不同，纵向垄断协议发生在不同的生产经营阶段或环节的经营者之间，即上下游经营者之间。《反垄断法》将其表述为"经营者与交易相对人"达成的垄断协议。

根据《反垄断法》第十四条的规定，禁止经营者与交易相对人达成下列垄断协议：

1. 固定向第三人转售商品的价格。

2. 限定向第三人转售商品的最低价格。

3. 国务院反垄断执法机构认定的其他垄断协议。

（三）垄断协议的豁免

经营者（特别是具有竞争关系的经营者）之间的联合，乃反垄断法之大忌。但是，在有些情况下，经营者之间的联合有利于防止竞争过度和无效，有利于技术进步和效率的提高，从而符合社会公共利益，故而豁免。

根据《反垄断法》第十五条的规定，经营者能够证明所达成的协议属于下列情形之一的，不适用上述禁止性规定：

1. 为改进技术、研究开发新产品的。

2. 为提高产品质量、降低成本、增进效率，统一产品规格、标准或者实行专业化分工的。

3. 为提高中小经营者经营效率，增强中小经营者竞争力的。

4. 为实现节约能源、保护环境、救灾救助等社会公共利益的。

5. 因经济不景气，为缓解销售量严重下降或者生产明显过剩的。

6. 为保障对外贸易和对外经济合作中的正当利益的。

7. 法律和国务院规定的其他情形。

四、滥用市场支配地位

市场支配地位，也称市场优势地位，是指经营者在相关市场内具有能够控制商品价格、数量或者其他交易条件，或者能够阻碍、影响其他经营者进入相关市场的能力的市场地位。

根据《反垄断法》第十七条的规定，禁止具有市场支配地位的经营者从事下列滥用市场支配地位的行为：

1. 以不公平的高价销售商品或者以不公平的低价购买商品。
2. 没有正当理由，以低于成本的价格销售商品。
3. 没有正当理由，拒绝与交易相对人进行交易。
4. 没有正当理由，限定交易相对人只能与其进行交易或者只能与其指定的经营者进行交易。
5. 没有正当理由搭售商品，或者在交易时附加其他不合理的交易条件。
6. 没有正当理由，对条件相同的交易相对人在交易价格等交易条件上实行差别待遇。
7. 国务院反垄断执法机构认定的其他滥用市场支配地位的行为。

经营者具有市场支配地位的认定，根据《反垄断法》第十八条的规定，应当依据下列因素：

1. 该经营者在相关市场的市场份额，以及相关市场的竞争状况。
2. 该经营者控制销售市场或者原材料采购市场的能力。
3. 该经营者的财力和技术条件。
4. 其他经营者对该经营者在交易上的依赖程度。
5. 其他经营者进入相关市场的难易程度。
6. 与认定该经营者市场支配地位有关的其他因素。

此外，有下列情形之一的，可以推定经营者具有市场支配地位：

1. 一个经营者在相关市场的市场份额达到二分之一的。
2. 两个经营者在相关市场的市场份额合计达到三分之二的。
3. 三个经营者在相关市场的市场份额合计达到四分之三的。

有上述第 2 项、第 3 项规定的情形，其中有的经营者市场份额不足十分之一的，不应当推定该经营者具有市场支配地位。

被推定具有市场支配地位的经营者，有证据证明不具有市场支配地位的，不应当认定其具有市场支配地位。

五、经营者集中

(一) 经营者集中的概念

所谓经营者集中,是指经营者之间通过合并、取得股份或者资产、委托经营或者联营以及人事兼任等方式形成的控制与被控制状态。由于一定规模的经营者集中可能改变市场结构,并进而可能妨碍市场竞争,损害消费者福利,因此,反垄断法将其纳入调整视野。

经营者集中是指下列三种情形:

1. 经营者合并。
2. 经营者通过取得股权或者资产的方式取得对其他经营者的控制权。
3. 经营者通过合同等方式取得对其他经营者的控制权或者能够对其他经营者施加决定性影响。

(二) 经营者集中的申报

经营者集中达到国务院规定的申报标准的,经营者应当事先向国务院反垄断执法机构申报,未申报的不得实施集中。

经营者集中有下列情形之一的,可以不向国务院反垄断执法机构申报:

1. 参与集中的一个经营者拥有其他每个经营者百分之五十以上有表决权的股份或者资产的。
2. 参与集中的每个经营者百分之五十以上有表决权的股份或者资产被同一个未参与集中的经营者拥有的。

经营者向国务院反垄断执法机构申报集中,应当提交以下文件、资料:申报书;集中对相关市场竞争状况影响的说明;集中协议;参与集中的经营者经会计师事务所审计的上一会计年度财务会计报告;国务院反垄断执法机构规定的其他文件、资料。

申报书应当载明参与集中的经营者的名称、住所、经营范围、预定实施集中的日期和国务院反垄断执法机构规定的其他事项。

经营者提交的文件、资料不完备的,应当在国务院反垄断执法机构规定的期限内补交文件、资料。经营者逾期未补交文件、资料的,视为未申报。

(三) 经营者集中审查程序

根据《反垄断法》,执法机构对经营者集中实施两阶段审查制。

第一阶段为初步审查。国务院反垄断执法机构应当自收到经营者提交的符合规定的文件、资料之日起三十日内，对申报的经营者集中进行初步审查，作出是否实施进一步审查的决定，并书面通知经营者。国务院反垄断执法机构作出决定前，经营者不得实施集中。

国务院反垄断执法机构作出不实施进一步审查的决定或者逾期未作出决定的，经营者可以实施集中。

如果国务院反垄断执法机构决定实施进一步审查，则进入第二阶段审查。第二阶段审查应当自执法机构作出进一步审查决定之日起九十日内审查完毕，作出是否禁止经营者集中的决定，并书面通知经营者。作出禁止经营者集中的决定，应当说明理由。审查期间，经营者不得实施集中。

有以下情形之一的，国务院反垄断执法机构经书面通知经营者，可以延长前款规定的审查期限，但最长不得超过六十日：①经营者同意延长审查期限的；②经营者提交的文件、资料不准确，需要进一步核实的；③经营者申报后有关情况发生重大变化的。国务院反垄断执法机构逾期未作出决定的，经营者可以实施集中。

（四）经营者集中审查标准

审查经营者集中，应当考虑下列因素：

1. 参与集中的经营者在相关市场的市场份额及其对市场的控制力。
2. 相关市场的市场集中度。
3. 经营者集中对市场进入、技术进步的影响。
4. 经营者集中对消费者和其他有关经营者的影响。
5. 经营者集中对国民经济发展的影响。
6. 国务院反垄断执法机构认为应当考虑的影响市场竞争的其他因素。

（五）经营者集中审查决定

经营者集中具有或者可能具有排除、限制竞争效果的，国务院反垄断执法机构应当作出禁止经营者集中的决定。但是，经营者能够证明该集中对竞争产生的有利影响明显大于不利影响，或者符合社会公共利益的，国务院反垄断执法机构可以作出对经营者集中不予禁止的决定。

对不予禁止的经营者集中，国务院反垄断执法机构可以决定附加减少集中对竞争产生不利影响的限制性条件。

国务院反垄断执法机构应当将禁止经营者集中的决定或者对经营者集中附加限制性条

件的决定，及时向社会公布。

对外资并购境内企业或者以其他方式参与经营者集中，涉及国家安全的，除依照《反垄断法》的规定进行经营者集中审查外，还应当按照国家有关规定进行国家安全审查。

六、滥用行政权力排除、限制竞争

滥用行政权力排除、限制竞争，即通常所谓的"行政性垄断"，是指行政机关和法律、法规授权的具有管理公共事务职能的组织滥用行政权力排除、限制竞争的行为。

行政性垄断是我国体制转轨过程中备受诟病的一大社会现象。行政性垄断出现和长期存在的原因比较复杂：一是政府职能转变不到位；二是利益驱动，这是直接动因；三是观念原因，如一些地方、部门负责人的全局意识、法律意识和市场意识不强，不能正确处理局部利益与整体利益、当前利益与长远利益的关系；四是制度原因，我国行政权力的具体边界不清是一个重要因素。

《反垄断法》禁止的滥用行政权力排除、限制竞争行为，主要有以下几种。

（一）强制交易

《反垄断法》第三十二条规定，行政机关和法律、法规授权的具有管理公共事务职能的组织不得滥用行政权力，限定或者变相限定单位或者个人经营、购买、使用其指定的经营者提供的商品。

（二）地区封锁

《反垄断法》第三十三条规定，行政机关和法律、法规授权的具有管理公共事务职能的组织不得滥用行政权力，实施下列行为，妨碍商品在地区之间的自由流通：

1. 对外地商品设定歧视性收费项目、实行歧视性收费标准，或者规定歧视性价格。
2. 对外地商品规定与本地同类商品不同的技术要求、检验标准，或者对外地商品采取重复检验、重复认证等歧视性技术措施，限制外地商品进入本地市场。
3. 采取专门针对外地商品的行政许可，限制外地商品进入本地市场。
4. 设置关卡或者采取其他手段，阻碍外地商品进入或者本地商品运出。
5. 妨碍商品在地区之间自由流通的其他行为。

（三）排斥或限制外地经营者参加本地招标投标

《反垄断法》第三十四条规定，行政机关和法律、法规授权的具有管理公共事务职能的组织不得滥用行政权力，以设定歧视性资质要求、评审标准或者不依法发布信息等方式，排斥或者限制外地经营者参加本地的招标投标活动。

（四）排斥或者限制外地经营者在本地投资或者设立分支机构，或者妨碍外地经营者在本地的正常经营活动

《反垄断法》第三十五条规定，行政机关和法律、法规授权的具有管理公共事务职能的组织不得滥用行政权力，采取与本地经营者不平等待遇等方式，排斥或者限制外地经营者在本地投资或者设立分支机构。

（五）强制经营者从事垄断行为

《反垄断法》第三十六条规定，行政机关和法律、法规授权的具有管理公共事务职能的组织不得滥用行政权力，强制经营者从事《反垄断法》规定的垄断行为。

（六）抽象行政性垄断行为

《反垄断法》第三十七条规定，行政机关不得滥用行政权力，制定含有排除、限制竞争内容的规定。

七、法律责任

经营者违反《反垄断法》规定，达成并实施垄断协议的，由反垄断执法机构责令停止违法行为，没收违法所得，并处上一年度销售额百分之一以上百分之十以下的罚款；尚未实施所达成的垄断协议的，可以处五十万元以下的罚款。

经营者主动向反垄断执法机构报告达成垄断协议的有关情况并提供重要证据的，反垄断执法机构可以酌情减轻或者免除对该经营者的处罚。

行业协会违反《反垄断法》规定，组织本行业的经营者达成垄断协议的，反垄断执法机构可以处五十万元以下的罚款；情节严重的，社会团体登记管理机关可以依法撤销登记。

经营者违反规定，滥用市场支配地位的，由反垄断执法机构责令停止违法行为，没收违法所得，并处上一年度销售额百分之一以上百分之十以下的罚款。

经营者违反《反垄断法》规定实施集中的，由国务院反垄断执法机构责令停止实施集中、限期处分股份或者资产、限期转让营业以及采取其他必要措施恢复到集中前的状态，可以处五十万元以下的罚款。

经营者实施垄断行为，给他人造成损失的，依法承担民事责任。

行政机关和法律、法规授权的具有管理公共事务职能的组织滥用行政权力，实施排除、限制竞争行为的，由上级机关责令改正；对直接负责的主管人员和其他直接责任人员依法给予处分。反垄断执法机构可以向有关上级机关提出依法处理的建议。

法律、行政法规对行政机关和法律、法规授权的具有管理公共事务职能的组织滥用行政权力实施排除、限制竞争行为的处理另有规定的，依照其规定。

对反垄断执法机构依法实施的审查和调查，拒绝提供有关材料、信息，或者提供虚假材料、信息，或者隐匿、销毁、转移证据，或者有其他拒绝、阻碍调查行为的，由反垄断执法机构责令改正，对个人可以处两万元以下的罚款，对单位可以处二十万元以下的罚款；情节严重的，对个人处两万元以上十万元以下的罚款，对单位处二十万元以上一百万元以下的罚款；构成犯罪的，依法追究刑事责任。

对反垄断执法机构依据《反垄断法》第二十八条、第二十九条作出的决定不服的，可以先依法申请行政复议；对行政复议决定不服的，可以依法提起行政诉讼。

对反垄断执法机构作出的前款规定以外的决定不服的，可以依法申请行政复议或者提起行政诉讼。

第三节　产品质量法

一、产品质量法概述

（一）产品的概念

《中华人民共和国产品质量法》（以下简称《产品质量法》）第二条第二款规定，本法所称产品是指经过加工、制作，用于销售的产品。根据《产品质量法》条文释义第二条，这里所称的产品有两个特点：一是经过加工、制作，也就是通过工业加工、手工制作等生产方式所获得的具有特定使用性能的物品，未经加工的天然形成的产品以及初级农产品不适用于本法；二是用于出售，也就是进入市场用于交换的商品。《产品质量法》第二条第三款规定，建设工程不适用本法规定，但是，建设工程使用的建筑材料、建筑构配件和设备，属于前款规定的产品范围的，适用本法规定。另外，根据《产品质量法》第七十三条的规定，军工产品质量监督管理办法，由国务院、中央军事委员会另行制定。

（二）产品质量的概念

产品质量是指产品符合人们需要的内在素质与外观形态的各种特性的综合状况。作为法律概念的产品质量，是指由国家的法律、法规、质量标准等所确定的或当事人的合同所约定的有关产品适用、安全、外观等诸种特性的综合。国际标准化组织（ISO）颁布的ISO 8402-86 标准，将质量的含义定为"产品或服务满足规定或潜在需要的特性和特征的总和"。

产品质量的内容随经济、科技的发展以及人们需要的变化不断丰富和发展。大体上说，产品质量包括使用价值和价值、适用性和安全性方面的内容。

（三）产品质量法的概念

产品质量法是指调整产品质量监督管理机构和生产者、销售者之间，生产者、销售者和用户、消费者之间因产品质量监督管理和侵权行为而发生的社会关系的法律规范的总称。产品质量法主要包括关于产品质量监督管理、产品质量责任、产品质量损害赔偿和处理产品质量争议等方面的法律规定。

1993年2月22日，第七届全国人民代表大会常务委员会第三十次会议通过了《产品质量法》，该法自1993年9月1日开始实施。2000年7月8日，第九届全国人民代表大会常务委员会第十六次会议通过了《关于修改〈中华人民共和国产品质量法〉的决定》，对《产品质量法》进行了全面修改。2009年8月27日，第十一届全国人民代表大会常务委员会第十次会议通过了《关于修改部分法律的决定》，对《产品质量法》进行了第二次修正。2018年12月29日，第十三届全国人民代表大会常务委员会第七次会议《关于修改〈中华人民共和国产品质量法〉等五部法律的决定》，对《产品质量法》进行了第三次修正。

（四）产品质量法律制度体系

我国在原有的一大批产品质量监督管理规范的基础上，吸收了西方关于产品责任法的原则精神和具体内容，形成了以1993年颁布并实施的《产品质量法》为基本法，结合一切有关产品质量的法律、法规、规章、标准的具有中国特色的产品质量法律制度体系。我国的产品质量法是产品质量管理法和产品责任法的统一体，其具有治理综合化、管理系统化和功能社会化等特点。

我国的产品质量法律制度体系主要包括产品质量监督管理制度、生产者和销售者产品质量责任与义务制度以及产品质量责任制度等内容，主要以《产品质量法》《中华人民共和国计量法》（以下简称《计量法》）、《中华人民共和国标准化法》（以下简称《标准化法》）等法律和相关法规、规章为依据。其中产品质量监督管理制度又可细分为质量认证制度、生产许可证制度、计量制度、标准化制度和产品质量监督检查制度等。其中，计量制度是以《计量法》及其实施细则为核心的，调整国家对计量实行统一监督和管理而发生的社会关系的法律制度体系。《计量法》为确保计量的科学性、统一性和准确性，确立了统一的计量基准器具、计量标准器具以及计量检定的方法和程序，并明确规定了计量器具管理和计量监督制度。而标准化制度是以《标准化法》及其实施条例为核心的，调整国家对现代化生产进行科学管理的过程中，因制定、颁行、监督、实施标准而发生的社会关系的法律制度体系。《标准化法》主要包括标准的制定、标准的实施、标准的监督以及违反《标准化法》的法律责任，其中，标准的制定又明确规定了制定标准的范围、原则、部门和程序以及标准的类型、各类标准的适用范围。

二、产品质量监督管理制度

（一）企业质量体系认证制度

企业质量体系认证制度是指国务院产品质量监督管理部门或者由它授权的部门认可的认证机构，依据国际通用的"质量管理和质量保证"系列标准，对企业的质量管理体系和质量保证能力进行审核合格、确认、颁发认证证书，以证明企业质量体系和质量保证能力符合相应标准要求的制度。

企业质量体系认证制度主要包括以下内容。

1. 企业质量体系认证的依据为国际通用的"质量管理和质量保证"系列标准，即国际标准化组织于1987年3月正式发布的ISO 9000系列国际标准，我国采用的是已转化为我国国家标准的"质量管理和质量保证"系列标准。

2. 企业质量体系的认证原则为自愿申请原则，企业是否申请认证，由企业自主决定。

3. 企业质量体系认证的管理体制为国务院产品质量监督管理部门实行统一管理，被依法认可的认证机构负责质量体系认证工作的具体实施，县级以上地方人民政府管理产品质量监督工作。

4. 企业质量体系认证的对象是足以影响企业产品质量的各个环节、各种因素的统一体。

（二）产品质量认证制度

产品质量认证制度是依据产品标准和相应技术要求，经认证机构确认并通过颁发证书和产品质量认证标志，证明企业某一产品符合相应标准和相应技术要求的制度。

国家参照国际先进的产品标准和技术要求，推行产品质量认证制度。企业则根据自愿原则向有关部门申请产品质量认证，经认证合格的，由认证机构颁发产品质量认证证书，准许企业在产品或者其包装上使用产品质量认证标志。产品质量认证标志分为方圆标志、长城标志和PRC标志。方圆标志用于没有行业认证委员会的商品的合格认证或安全认证。长城标志为电工产品专用安全认证标志。PRC标志为电子元器件专用合格认证标志。

在我国，产品质量认证分为安全认证和合格认证。

1. 凡根据安全标准进行认证或只对商品标准中有关安全的项目进行认证的，称为安全认证。它是对商品在生产、储运、使用过程中是否具备保证人身安全与避免环境遭受危害等基本性能的认证，属于强制性认证。实行安全认证的产品，必须符合《标准化法》中有关强制性标准的要求。

2. 合格认证是依据商品标准的要求，对商品的全部性能进行的综合性质量认证，一般属于自愿性认证。实行合格认证的产品，必须符合《标准化法》规定的国家标准或者行业标准的要求。

另外，2009年5月26日，国家质量监督检验检疫总局局务会议审议通过了《强制性产品认证管理规定》，自2009年9月1日起施行。2022年9月29日，国家市场监督管理总局令第61号对该规定作了修订。国家对涉及人类健康和安全、动植物生命和健康及环境保护和公共安全的产品实行强制性认证制度。列入《实施强制性产品认证的产品目录》（2023版）的共有装饰装修材料、玩具、安全玻璃等17类106种产品。

（三）产品质量监督检查制度

产品质量监督检查，从广义上讲，是指国家、社会、用户、消费者以及企业自身等对产品质量和产品质量认证体系所作的检验、检查、评价、措施等一系列活动的总称。

产品质量监督包括国家监督、行业监督和社会（群众）监督三种形式。

1. 国家监督

国家监督的重要形式之一是国家监督抽查制度，该制度是国家对产品质量监管的基本制度之一。监督的主要方式是抽查，根据监督抽查的需要，可对产品进行检验。其中，抽查的重点包括以下内容。

①能危及人体健康或人身、财产安全的产品,如食品、药品、易燃易爆品、医疗器械、压力容器等。这也是实行生产许可证管理的产品。

②影响国计民生的重要工业品,如钢材、水泥、机电产品、农药、化肥等。

③社会反映有质量问题的产品。

同时,监督抽查的结果要公布,以表明产品质量监督检查的公正性,增加透明度,起到威慑作用。《产品质量法》第十条对此作了规定。

对抽查的要求,具体包括以下内容。

①为检验的公正,法律规定抽查的样品应当在待销产品中随机抽取。

②为防止增加企业的负担,不得向被检查人收取检验费用,抽取样品的数量也不得超过检验的合理需要。

③生产者、销售者对抽查结果有异议的,可以在规定的时间内向监督抽查部门或者上级产品质量监督部门申请复检。

④为避免重复抽查,国家监督抽查的产品,地方不得另行重复抽查;上级监督抽查的产品,下级不得另行重复抽查。

2. 行业监督

行业监督是指产品的主管部门和企业的主管部门对本行业、本系统产品质量的监督,也是政府有关部门在各自的职责范围内进行的产品质量监督。行业监督与国家监督的主要区别是,行业监督的主管部门不能依照《产品质量法》的规定行使行政处罚权。

3. 社会(群众)监督

根据《产品质量法》第二十二条及二十三条的规定,消费者有权就产品质量问题,向产品的生产者、销售者查询;向市场监督管理部门及有关部门申诉,接受申诉的部门应当负责处理。同时,保护消费者权益的社会组织可以就消费者反映的产品质量问题建议有关部门负责处理、支持消费者对因产品质量造成的损害向人民法院起诉。

三、生产者、销售者的产品质量责任与义务

依据《产品质量法》及国家有关法律的规定,生产者、销售者不履行规定的义务,应承担相应的法律后果,即产品质量责任。生产者、销售者必须作出的行为或者不得作出的行为,即产品质量义务。

（一）生产者的产品质量责任与义务

1. 生产者必须保证产品的内在质量

根据我国《产品质量法》第二十六条的规定，生产者生产的产品质量应符合下列要求。

①产品不存在危及人身、财产安全的不合理的危险，有保障人体健康和人身、财产安全的国家标准、行业标准的，应当符合该标准。这里主要强调的是产品的安全性，是生产者保证产品质量的首要义务。

②产品要具备产品应当具备的使用性能。这是《产品质量法》对生产者保证产品质量所规定的一项默示担保条件，主要有两方面内容：其一是在产品标准、合同、图样、技术要求或其他文件中明确规定的使用性能；其二是指用户、消费者对产品使用性能的期望或被社会公认的不言而喻的使用性能。

③产品质量应当符合在产品或者其包装上注明采用的产品标准，符合以产品说明、实物样品等方式表明的质量状况。

2. 生产者必须保证产品或其包装上的标识符合法定要求

①要有产品质量检验合格证明，如检验标记、生产日期等。

②要有中文标明的产品名称、生产厂厂名和厂址。

③根据产品的特点和使用要求，需要标明产品规格、等级、主要成分的名称和含量的，用中文相应予以标明；需要事先让消费者知晓的，应当在外包装上标明，或者预先向消费者提供有关资料。

④限期使用的产品，应当在显著位置清晰地标明生产日期和安全使用期或者失效日期。

⑤凡使用不当会造成产品损坏或危及人身或财产安全的应标注警示标志或说明，如易燃、易爆、剧毒、危险、慎用等标志；裸装的食品和其他根据产品的特点难以附加标识的裸装产品，可以不附加产品标识。

⑥易碎、易燃、易爆、有毒、有腐蚀性、有放射性等危险物品以及储运中不能倒置和其他有特殊要求的产品，其包装质量必须符合相应要求，依照国家有关规定作出警示标志或者中文警示说明，标明储运注意事项。

3. 对生产者的禁止性规定

①不得生产国家明令淘汰的产品。

②不得伪造产地，不得伪造或冒用他人的厂名、厂址。

③不得伪造或者冒用认证标志等质量标志。

④不得掺杂、掺假，不得以假充真、以次充好，不得以不合格产品冒充合格产品。

（二）销售者的产品质量责任与义务

1. 销售者的进货检验义务

销售者应当建立并执行进货检查验收制度，验明产品合格证明和其他标识。其目的在于防止不合格产品、假冒伪劣产品流入市场。若销售者不履行进货检验义务，一旦发生产品质量问题，销售者也要承担相应的民事赔偿责任。

2. 销售者的产品保管义务

销售者应当采取措施，保持销售产品的质量，如采取防霉变、防污染、防雨、防晒等措施。否则，因产品保管不善发生产品质量问题，销售者也应当承担责任。

3. 对销售者的禁止性规定

①不得销售国家明令淘汰并停止销售的产品和失效、变质的产品。

②不得销售产品标识不符合《产品质量法》规定的产品。

③不得伪造产地，不得伪造或者冒用他人的厂名、厂址。

④不得伪造或者冒用认证标志等质量标志。

⑤不得销售掺杂、掺假、以假充真、以次充好的产品，以不合格产品冒充合格产品。

四、产品质量责任制度

产品质量责任制度是指生产者、销售者以及对产品质量负有直接责任的责任者，因违反《产品质量法》所规定的产品质量义务所应承担的法律责任的制度。

产品质量责任是各种有关产品质量义务和责任的综合概念。它是一种综合责任，包括有关产品的民事责任、行政责任和刑事责任。民事责任又分为因产品瑕疵而发生的合同责任和因产品缺陷而发生的产品责任。

产品责任和产品质量责任是两个既有联系又不能等同的概念。产品责任包含在产品质量责任的概念中，是一个特定化了的法律概念，仅指因产品缺陷招致受害人人身、财产损害而发生的特殊侵权责任。

（一）产品质量民事责任

1. 产品瑕疵责任

（1）产品瑕疵的概念

产品瑕疵是指产品不具备应有的使用性能，不符合明示采用的产品质量标准，或不符合产品说明、实物样品等方式表明的质量状况。产品瑕疵包括以下三项内容：一是产品不具备产品应当具备的使用性能而事先未作说明的；二是产品不符合在产品或其包装上注明采用的产品标准的；三是产品不符合以产品说明、实物样品等方式表明的质量状况的。

（2）产品瑕疵的赔偿责任

根据《产品质量法》第四十条的规定，销售者应负产品瑕疵担保责任，其实质是一种契约责任，即在买卖契约中，卖方有对所售产品的质量担保义务，违反此义务，所售产品质量存在瑕疵，应承担相应的法定或约定的赔偿责任。具体责任形式有：负责修理、更换、退货；给购买产品的消费者造成损害的，负责赔偿。

2. 产品缺陷责任（产品责任）

（1）产品缺陷的概念

产品缺陷是指产品存在危及人身、他人财产安全的不合理的危险；产品有保障人体健康，人身、财产安全的国家标准、行业标准的，是指不符合该标准。

（2）产品缺陷的赔偿责任

产品缺陷责任（产品责任）一般包括财产损失责任和人身伤害责任两种形式，《产品质量法》第四十三条和第四十四条分别对产品存在缺陷造成财产损失及人身伤害的情况作出了赔偿责任的规定。

根据《产品质量法》第四十一条的规定，因产品存在缺陷造成人身、他人财产损害的，销售者应当承担赔偿责任。这里没有考虑生产者是否主观上有过错，可见，生产者的产品责任是一种严格责任，即不论生产者主观上是否有过错，其都必须承担因产品缺陷所致损害的赔偿责任。但也有适用例外：如果生产者能够证明，未将产品投入流通，或产品投入流通时引起损害的缺陷尚不存在，或将产品投入流通时的科技水平尚不能发现缺陷的存在，生产者可以不承担赔偿责任。另外，《产品质量法》第四十二条规定，由于销售者的过错使产品存在缺陷，造成人身、他人财产损害的，销售者应当承担赔偿责任。销售者不能指明缺陷产品的生产者也不能指明缺陷产品的供货者的，销售者也应当承担赔偿责任。

(二) 产品质量行政责任

产品质量责任的主要行政处罚方式有：①责令停止生产和停止销售；②没收违法产品和违法所得；③罚款；④吊销营业执照；⑤责令公开更正、责令改正等。

须承担产品质量行政责任的主要违法行为有：①生产或销售不符合保障人体健康和人身财产安全的国家标准、行业标准的产品；②生产者、销售者在产品中掺杂、掺假，以假充真，以次充好，或者以不合格产品冒充合格产品；③生产或销售国家明令淘汰的或失效变质的产品；④生产者、销售者伪造产品产地，伪造或者冒用他人的厂名、厂址，伪造或者冒用认证标志；⑤伪造检验数据或者伪造检验结论等。

(三) 产品质量刑事责任

依照《产品质量法》的有关规定，可以追究刑事责任的产品质量违法行为有：①生产不符合或者销售明知是不符合保障人体健康和人身、财产安全的国家标准、行业标准的产品，构成犯罪的；②生产者、销售者在产品中掺杂、掺假，以假充真，以次充好或者以不合格产品冒充合格产品，构成犯罪的；③销售失效、变质产品，构成犯罪的；④以行贿受贿或者其他非法手段推销、采购不合格或假冒伪劣产品等构成犯罪的；⑤伪造检验数据或伪造检验结论，构成犯罪的；⑥从事产品质量监督管理的国家工作人员滥用职权、玩忽职守、徇私舞弊，构成犯罪的；⑦各级人民政府工作人员和其他国家机关工作人员包庇、放纵、阻挠、干预执法或通风报信，帮助当事人逃避查处的；⑧知道或者应当知道属于本法规定禁止生产、销售的产品而为其提供运输、保管、仓储等便利条件的，或者为以假充真的产品提供制假生产技术的。

以上刑事责任的大小，要视违法行为的情节严重程度及非法获利多少，根据《刑法》第一百四十条至第一百五十条对于"生产、销售伪劣商品罪"的规定来确定。

第四节 消费者权益保护法

一、消费者权益保护法概述

(一) 消费者的概念

消费者是为了满足个人生活消费的需要而购买、使用商品或者接受服务的社会成员，是从事生活消费的主体。

（二）消费者权益保护法的概念

消费者权益保护法是确认和保护个体社会成员（消费者）为生活消费而购买和使用商品或接受服务所享有的正当权益的法律规范的总称。消费者权益保护法有广义、狭义之分。广义的消费者权益保护法是指所有关于保护消费者权益的法律、法规，实际上是指保护消费者权益的法律体系，包括消费者权益保护法的基本法、安全保障法、价格监督法、竞争监督法、消费合同法等。而狭义的消费者权益保护法则仅指消费者权益保护法的基本法，即形式上的消费者权益保护法，是为了保护消费者的合法权益、维护社会经济秩序稳定、促进社会主义市场经济健康发展而制定的一部法律。

《中华人民共和国消费者权益保护法》（以下简称《消费者权益保护法》）于1993年10月31日由第八届全国人民代表大会常务委员会第四次会议通过，自1994年1月1日起施行。2009年8月27日，第十一届全国人民代表大会常务委员会进行第一次修正。2013年10月25日，第十二届全国人民代表大会常务委员会进行第二次修正。2014年3月15日，新修订的《消费者权益保护法》正式实施。2015年3月15日起，一部保护消费者权益的法规——《侵害消费者权益行为处罚办法》正式实施。此法规将作为2014年开始实施的新《消费者权益保护法》的配套规章，为一些违规处罚提供依据。

（三）消费者权益保护法的宗旨

《消费者权益保护法》第一条规定，为保护消费者的合法权益，维护社会经济秩序，促进社会主义市场经济健康发展，制定本法。可见，消费者权益保护法的宗旨是：

1. 保护消费者合法权益。这是消费者权益保护法的中心宗旨。

2. 维护经济秩序。此点与上一点紧密相连，是一个问题的两个方面，前者更关注个人，关注微观，而后者更关注社会，关注宏观。

3. 促进社会主义市场经济发展。此项宗旨，充分体现了经济法的社会本位化，体现了经济法将个体利益和社会利益统一、协调的特征或者说取向。

（四）消费者权益保护法的调整范围

《消费者权益保护法》第二条规定，消费者为生活消费需要购买、使用商品或者接受服务，其权益受本法保护，可见《消费者权益保护法》的调整范围可概括为以下三方面。

1. 主体

消费者构成消费者权益保护法所调整的法律关系中的主要主体。因未明确指出消费者为个人，所以，本法所指消费者主要指个人，但也包括购买生活消费品，以满足本单位成员消费需要的组织。此外，经营者和国家机关也是本法调整的法律关系中的主体。所谓经营者，通常是指以营利为目的，从事商品生产、销售和商业性服务的法人、其他经济组织和个人。经营者为消费者提供其生产、销售的商品或者提供服务，应当遵守该法。

2. 客体

生活消费资料而非生产资料和生产消费资料构成消费者权益保护法的客体，但农民购买、使用直接用于农业生产的生产资料，仍属消费者权益保护法的客体范围。

3. 关系

消费者权益保护法的调整对象是消费者购买、使用商品或接受服务的过程中所发生的经济关系，主要有国家机关与经营者之间、国家机关与消费者之间、消费者组织与经营者之间、消费者组织与消费者之间、经营者与消费者之间的关系等。既包括购买商品，也包括使用商品；既包括本人使用，也包括他人使用。因此，消费者权益保护法不仅保护与经营者存在合同关系的消费者，也保护与经营者不存在合同关系但受到经营者的商品侵害的其他有关消费者。

二、消费者的权利

（一）消费者权益的概念

消费者权益可理解为消费者权利和利益的合称。其中，利益是实质内容，权利是表现和存在形式。

消费者权利是指国家法律规定或确认的公民为生活消费而购买、使用商品或接受服务时享有的不可剥夺的权利。消费者权利的具体内容在不同的时期和不同的国家有所差异，但其基本内容和精神是一致的。总的发展趋势是，随着社会政治、经济的发展和进步以及法律制度的不断完善，各国法律和有关的国际规约对消费者权利的规定，越来越明确、具体和完善。

消费者权利的基本性质是人的基本生存权、发展权和其他基本人权，是包含财产权和人身权等多种民事经济权利在内的综合权利。《消费者权益保护法》第二章规定了消费者的九项权利。

(二) 消费者权利的具体内容

1. 安全权

安全权包括人身安全权和财产安全权。消费者在购买、使用商品和接受服务时享有人身、财产安全不受损害的权利。消费者有权要求经营者提供的商品和服务，符合保障人身、财产安全的要求。

2. 知情权

知情权即消费者在购买商品或接受服务时，享有知悉其购买、使用的商品或者接受的服务的真实情况的权利。这既是消费者据以作出自由选择并实现公平交易的前提，又是其正确与安全使用商品的保障。

3. 自主选择权

自主选择权即消费者作为交易的一方，享有自主选择商品或者服务的权利。消费者有权自主选择提供商品或者服务的经营者，自主选择商品品种或者服务方式，自主决定购买或者不购买任何一种商品、接受或者不接受任何一项服务。

4. 公平交易权

消费者在购买商品或者接受服务时，有权获得质量保障、价格合理、计量正确等的公平交易条件，有权拒绝经营者的强制交易行为。

5. 获得赔偿权

消费者因购买、使用商品或者接受服务受到人身、财产损害的，享有依法获得赔偿的权利。这项权利是消费者享有人身、财产安全不受损害的权利的应有之义与合理延伸，否则，消费者享有的安全权无以保障。《消费者权益保护法》中规定的此项权利具体包括赔偿权、索赔权和求偿权。赔偿的种类包括财产损害赔偿和人身损害赔偿，其中人身损害赔偿又包括健康、生命损害赔偿和精神损害赔偿。

6. 依法结社权

消费者享有依法成立维护自身合法权益的社会团体的权利，在我国保护消费者权益的社团主要是消费者协会。

7. 知识获取权

消费者享有获得有关消费和消费者权益保护方面知识的权利，这些知识主要包括关于商品和服务的基本知识、关于消费市场和经营者的知识、有关消费者权益保护的法律法规、有关消费者的权利和经营者的义务的知识、有关保护消费者的国家机关和社会团体、保护消费者权益的各种途径和程序等。获取知识的方式主要是接受教育和自我教育。

8. 维护尊严权

消费者在购买、使用商品和接受服务时享有其人格尊严、民族习惯得到尊重的权利，享有个人信息依法得到保护的权利。

9. 监督批评权

消费者享有对商品和服务以及保护消费者权益工作进行监督的权利，监督的对象包括经营者和国家机关及其工作人员，监督的方式主要有检举、控告、批评以及建议等。

三、经营者的义务

（一）经营者义务的概念

经营者义务是指经营者依法必须为一定行为或不为一定行为，以满足和实现消费者的生活消费需要的责任。

经营者义务主要是经营者与消费者之间的一种平等主体间的义务，即主要是一种民事义务和民事责任，但也包含着经营者对国家、对社会承担的义务。

依照法律规定，经营者不履行或不完全履行法定或约定义务的，必须承担相应的法律责任。

（二）经营者义务的基本内容

1. 依法或按照约定履行义务

经营者向消费者提供商品或者服务，应当依照《消费者权益保护法》和其他有关法律、法规的规定履行义务。经营者和消费者有约定的，应当按照约定履行义务，但双方的约定不得违背法律、法规的规定。经营者向消费者提供商品或者服务，应当恪守社会公德，诚信经营，保障消费者的合法权益；不得设定不公平、不合理的交易条件，不得强制交易。

2. 听取意见和接受监督

经营者应当听取消费者对其提供的商品或者服务的意见，接受消费者的监督。

3. 保证商品或者服务的安全

经营者应当保证其提供的商品或者服务符合保障人身、财产安全的要求。对可能危及人身、财产安全的商品和服务，应当向消费者作出真实的说明和明确的警示，并说明和标明正确使用商品或者接受服务的方法以及防止危害发生的方法。宾馆、商场、餐馆、银行、机场、车站、港口、影剧院等经营场所的经营者，应当对消费者尽到安全保障义务。

4. 提供真实、全面的信息

经营者向消费者提供有关商品或者服务的质量、性能、用途、有效期限等信息，应当真实、全面，不得作虚假或者引人误解的宣传。经营者对消费者就其提供的商品或者服务的质量和使用方法等问题提出的询问，应当作出真实、明确的答复。经营者提供商品或者服务应当明码标价。

5. 出具相应的凭证或单据

经营者提供商品或者服务，应当按照国家有关规定或者商业惯例向消费者出具发票等购货凭证或者服务单据；消费者索要发票等购货凭证或者服务单据的，经营者必须出具。

6. 保证商品或者服务的质量

经营者应当保证在正常使用商品或者接受服务的情况下其提供的商品或者服务应当具有的质量、性能、用途和有效期限；但消费者在购买该商品或者接受该服务前已经知道其存在瑕疵，且存在该瑕疵不违反法律强制性规定的除外。

7. 保证交易的公平性

经营者不得以格式条款、通知、声明、店堂告示等方式，作出排除或者限制消费者权利、减轻或者免除经营者责任、加重消费者责任等对消费者不公平、不合理的规定，不得利用格式条款并借助技术手段强制交易。格式条款、通知、声明、店堂告示等含有前款所列内容的，其内容无效。

8. 维护消费者的人身权

经营者不得对消费者进行侮辱、诽谤，不得搜查消费者的身体及其携带的物品，不得侵犯消费者的人身自由。经营者及其工作人员对收集的消费者个人信息必须严格保密，不得泄露、出售或者非法向他人提供。经营者应当采取技术措施和其他必要措施，确保信息安全，防止消费者个人信息泄露、丢失。在发生或者可能发生信息泄露、丢失的情况时，应当立即采取补救措施。经营者未经消费者同意或者请求，或者消费者明确表示拒绝的，不得向其发送商业性信息。

四、争议解决与法律责任

(一) 争议解决

《消费者权益保护法》中所说的争议是指消费者和经营者之间因商品质量造成消费者人身、财产损失而引起的纠纷。

解决争议的方式有以下几个。

1. 与经营者协商和解

与经营者协商解决,即协商和解,是消费者与经营者在平等自愿基础上,就有关争议进行协商,解决争议的方法。消费者可直接与经营者协商,也可委托消费者协会或其他人为代理人与经营者协商解决。此种方法具有简便、节约、及时等优点。

2. 请求消费者协会或者依法成立的其他调解组织调解

调解是指由消费者协会或者依法成立的其他调解组织作为第三方,就有关争议对消费者与经营者进行协调,双方达成协议,解决争议的方式。在此种情形下,第三方而非消费者的代言人主持调解,应坚持自愿、合法的原则,依法公平调解。由消费者协会或者依法成立的其他调解组织作为中间协调人的调解是民间调解,属非权力机构调解。

3. 向有关行政部门申诉

向有关行政部门申诉是指向工商行政管理机关、技术监督机关及各有关专业部门申诉。有关行政机关对消费者的申诉应予接受、及时答复和处理。

有关机关对消费者的申诉及其与经营者的争议,可依法律规定和自己的职权,作出相应的处理决定,也可依法进行调解,如进行调解,应坚持自愿、合法的原则。

4. 根据仲裁协议提请仲裁

消费者在购买产品时与商家有纠纷,也可以通过申请仲裁机构进行仲裁处理消费争议,仲裁机构会根据纠纷的情况作出相应的判断。当事人根据他们之间订立的仲裁协议,自愿将其争议提交由非司法机构的仲裁员组成的仲裁庭进行裁判,并受该裁判约束。仲裁活动和法院的审判活动一样,关乎当事人的实体权益,是解决民事争议的方式之一。但与法院不同的是,仲裁机构通常是民间团体,其受理案件的管辖权来自双方协议,没有协议就无权受理。

5. 向人民法院提起诉讼

消费者的合法权益受到侵害后,可以向人民法院提起诉讼,请求人民法院依照法定程序进行审判。消费者因其合法权益受到侵害而提起的诉讼属于民事诉讼范畴。

(二) 法律责任

1. 民事责任

经营者提供商品或者服务有以下情形之一的,除《消费者权益保护法》另有规定外,应当依照其他有关法律、法规的规定,承担赔偿、修理、重作、更换、退货、补足数量、退款等民事责任中的一种或数种:①商品或者服务存在缺陷的;②不具备商品应当具备的使用性能而出售时未作说明的;③不符合在商品或者其包装上注明采用的商品标准的;④不符合商品说明、实物样品等方式表明的质量状况的;⑤生产国家明令淘汰的商品或者销售失效、变质的商品的;⑥销售的商品数量不足的;⑦服务的内容和费用违反约定的;⑧对消费者提出的修理、重作、更换、退货、补足商品数量、退还货款和服务费用或者赔偿损失的要求,故意拖延或者无理拒绝的;⑨法律、法规规定的其他损害消费者权益的情形。

2. 行政责任

经营者有以下情形之一,除承担相应的民事责任外,其他有关法律、法规对处罚机关和处罚方式有规定的,依照法律、法规的规定执行;法律、法规未作规定的,由工商行政管理部门或者其他有关行政部门责令改正,可以根据情节单处或者并处警告、没收违法所得、处以违法所得一倍以上十倍以下的罚款,没有违法所得的,处以五十万元以下的罚款;情节严重的,责令停业整顿、吊销营业执照:①提供的商品或者服务不符合保障人身、财产安全要求的;②在商品中掺杂、掺假,以假充真,以次充好,或者以不合格商品冒充合格商品的;③生产国家明令淘汰的商品或者销售失效、变质的商品的;④伪造商品的产地,伪造或者冒用他人的厂名、厂址,篡改生产日期,伪造或者冒用认证标志等质量标志的;⑤销售的商品应当检验、检疫而未检验、检疫或者伪造检验、检疫结果的;⑥对商品或者服务作虚假或者引人误解的宣传的;⑦拒绝或者拖延有关行政部门责令对缺陷商品或者服务采取停止销售、警示、召回、无害化处理、销毁、停止生产或者服务等措施的;⑧对消费者提出的修理、重作、更换、退货、补足商品数量、退还货款和服务费用或者赔偿损失的要求,故意拖延或者无理拒绝的;⑨侵害消费者人格尊严、侵犯消费者人身自由或者侵害消费者个人信息依法得到保护的权利的;⑩法律、法规规定的对损害消费者权益应当予以行政处罚的其他情形。

3. 刑事责任

依据《消费者权益保护法》的相关规定,追究刑事责任的情况主要包括以下几种:①

经营者违反本法规定提供商品或者服务，侵害消费者合法权益，构成犯罪的，依法追究刑事责任。②以暴力、威胁等方式阻碍有关行政部门工作人员依法执行职务的，依法追究刑事责任；拒绝、阻碍有关行政部门工作人员依法执行职务，未使用暴力、威胁方法的，由公安机关依照《中华人民共和国治安管理处罚法》的规定处罚。③国家机关工作人员玩忽职守或者包庇经营者侵害消费者合法权益的行为的，由其所在单位或者上级机关给予行政处分；情节严重，构成犯罪的，依法追究刑事责任。

第六章 金融法律制度

第一节 中国人民银行法

一、中国人民银行的概念与特点

中国人民银行是中华人民共和国的中央银行，是根据中国人民银行法和相关法律规定的职权，依法制定和执行国家货币信用政策，调节和控制货币流通、信用活动，维护金融稳定，提供金融服务，管理金融业的特殊国家机关。中央银行是发行的银行、政府的银行、银行的银行，在一国是具有排他性、唯一性的特殊金融机构。中国人民银行是中华人民共和国国务院的组成机构之一。中国人民银行在国务院的领导下依法独立执行货币政策，履行职责，开展业务，不受地方政府、各级政府部门、社会团体和个人的干涉。

中国人民银行作为中央银行，与商业银行相比，具有下列特点：

1. 不经营一般商业银行业务，不办理对企业和个人的货币信用业务。

2. 不以营利为目的。中央银行的根本任务是执行国家的经济政策，维护正常的金融活动，对经济进行宏观调节，实现既定的宏观经济目标，赢利与否无关紧要。

3. 资产应具有较大的流动性。中央银行对金融的调节，主要是通过货币政策工具进行的，无论使用哪种货币政策工具（存款准备金率、贴现率或公开市场业务），其最终结果必然是由中央银行资产的变动引起社会货币供应量的变动，以达到所要求的政策效果。如果中央银行资产变现能力差，货币政策工具就不能及时顺利地发挥作用。因此中央银行所掌握的资产应有较大的流动性。

4. 对存款不付利息。中央银行的存款，一是来自财政存款，二是来自银行及其他金融机构缴纳的存款准备金。财政存款是中央银行经理国家金库的结果，纯属保管性质。存款准备金和往来存款户的存款，是中央银行集中存款储备和为票据清算服务的结果，属于调节性质和服务性质。因为中央银行不以营利为目的，按国际惯例，中央银行对存款一般不付利息。而商业银行对存款一般均应付利息。

5. 中央银行不在国外设立分支机构。中央银行作为一国政府在金融方面的代表，无权在他国干涉他国金融业务，所以中央银行不能像商业银行那样在国外设立分支行，而只能设置代理处。

二、银行法与中央银行法

银行法是调整银行和非银行金融机构在进行组织管理和开展业务活动中产生的各种社会关系的法律规范的总称。银行法一般都由中央银行法、普通银行法、非银行金融机构法和涉外银行法组成。

我国现行的银行法体系主要包括《中华人民共和国中国人民银行法》《中华人民共和国商业银行法》等。中央银行法是银行法的组成部分之一，是确立中央银行的性质和职能、法律地位、权力范围，中央银行与政府、财政部门的关系，中央银行与其他银行的关系等有关内容的法律。我国的中央银行法就是《中华人民共和国中国人民银行法》（以下简称《中国人民银行法》）。

三、中国人民银行的职能与职责

（一）中国人民银行的职能

《中国人民银行法》于1995年3月18日颁布实施，2003年12月27日进行了一些修订，自2004年2月1日起施行。修订后的《中国人民银行法》与修订前的《中国人民银行法》相比，法条从51条增加至53条，对25处进行了修改。

修订后的《中国人民银行法》对中国人民银行职能的规定作了重大的修改，概括地说，新《中国人民银行法》将中国人民银行的基本职能调整为制定和执行货币政策、维护金融稳定和提供金融服务三个方面，即三大职能，淡化了它的金融监管的职能，强化了货币与稳定职能。

1. 货币职能

制定和执行货币政策，运用自己所拥有的经济手段，对货币与信用进行调节和控制，影响和干预整个社会经济进程，实现预期的货币政策目标，进而促进整个国民经济的协调发展，是中国人民银行最重要的职能。

2. 稳定职能

防范金融风险，维护金融安全，是中国人民银行最重要的职能之一。新修订的《中国人民银行法》,强化了中国人民银行维护金融稳定的职能。

3. 服务职能

服务职能是中央银行向政府和银行及其他金融机构提供资金融通、划拨清算、代理业务等方面的金融服务。如为政府服务,主要体现在:①经理国库;②持有、管理、经营国家外汇储备、黄金储备;③作为国家的中央银行,从事有关的国际金融活动;④政府的金融顾问和参谋。为银行与非银行金融机构服务,主要体现在:①维护支付、清算系统的正常运行;②办理再贴现业务;③成为银行的最后贷款者。

中国人民银行的上述三大基本职能是相互依存、相互补充的。

(二) 中国人民银行的职责

2004年修订的《中国人民银行法》强化了人民银行制定和执行货币政策的有关职责,将中国人民银行的职责由原来的十一项调整为十三项,分别为:①发布与履行其职责有关的命令和规章;②依法制定和执行货币政策;③发行人民币,管理人民币流通;④监督管理银行间同业拆借市场和银行间债券市场;⑤实施外汇管理,监督管理银行间外汇市场;⑥监督管理黄金市场;⑦持有、管理、经营国家外汇储备、黄金储备;⑧经理国库;⑨维护支付、清算系统的正常运行;⑩指导、部署金融业反洗钱工作,负责反洗钱的资金监测;⑪负责金融业的统计、调查、分析和预测;⑫作为国家的中央银行,从事有关的国际金融活动;⑬国务院规定的其他职责。

四、中国人民银行的业务

中国人民银行的主要业务包括十大类:①发行人民币;②经理国库;③为金融机构开立账户,吸纳金融机构存款,集中金融机构的存款准备金;④办理再贴现;⑤提供再贷款;⑥买卖国债和其他政府债券及外汇;⑦持有、管理、经营国家外汇、黄金储备;⑧代理国务院财政部门向金融机构组织发行、兑付国债和其他政府债券;⑨提供清算服务;⑩从事国际金融业务。

依据《中国人民银行法》的规定,中国人民银行不得开展以下业务:①不得对政府财政透支;②不得直接认购、包销国债和其他政府债券;③不得向地方政府、各级政府部门提供贷款;④不得向非银行金融机构以及其他单位和个人提供贷款;⑤不得对金融机构的账户透支;⑥不得向任何单位和个人提供再担保。

第二节 商业银行法

一、商业银行概述

（一）商业银行的概念

《中华人民共和国商业银行法》（以下简称《商业银行法》）第二条规定，本法所称的商业银行是指依照本法和《公司法》设立的吸收公众存款、发放贷款、办理结算等业务的企业法人。

（二）商业银行的性质

商业银行具有以下性质。

1. 商业银行是企业

商业银行具有企业的基本特征，包括：必须具备业务经营所需的自有资本，并达到管理部门所规定的最低资本要求；必须照章纳税；实行自主经营、自担风险、自负盈亏、自我约束；以获取利润为经营目的和发展动力。

2. 商业银行是金融企业

商业银行的经营对象不是普通商品，而是货币、资金，商业银行业务活动的范围不是生产流通领域，而是货币信用领域，商业银行不是直接从事商品生产和流通的企业，而是为从事商品生产和流通的企业提供金融服务的企业。

3. 商业银行是特殊的金融企业

商业银行是特殊的金融企业，在经营性质和经营目标上，商业银行与中央银行和政策性金融机构不同。商业银行以营利为目的，在经营过程中讲求营利性、安全性和流动性原则，不受政府行政干预。

4. 商业银行的法律形式是特许成立的企业法人

商业银行具有企业性质，拥有法人地位，以营利为目的。企业法人是从事生产、经营，以创造社会财富、扩大社会积累为目的，实行经济核算制的法人。因此，商业银行的设立不仅要符合《商业银行法》的规定，同时其组织形式和机构设置也应符合《公司法》

的规定。因此，中国商业银行的法律性质是特许成立的企业法人。

（三）商业银行法

《商业银行法》于1995年5月10日由第八届全国人民代表大会常务委员会第十三次会议通过，于2003年12月27日与2015年8月29日两次修正。

二、商业银行的设立

（一）商业银行设立的条件

根据《商业银行法》第十二条第一款的规定，设立商业银行，应当具备下列条件：
①有符合本法和《公司法》规定的章程。
②有符合本法规定的注册资本最低限额。
《商业银行法》第十三条规定，设立全国性商业银行的注册资本最低限额为十亿元人民币，设立城市商业银行的注册资本最低限额为一亿元人民币，设立农村商业银行的注册资本最低限额为五千万元人民币。注册资本应当是实缴资本。

国务院银行业监督管理机构根据审慎监管的要求可以调整注册资本最低限额，但不得少于前款规定的限额。
③有具备任职专业知识和业务工作经验的董事、高级管理人员。
④有健全的组织机构和管理制度。
⑤有符合要求的营业场所、安全防范措施和与业务有关的其他设施。

（二）商业银行的组织形式

《商业银行法》第十七条规定，商业银行的组织形式、组织机构适用《公司法》的规定。《公司法》第二条规定，本法所称公司是指依照本法在中国境内设立的有限责任公司和股份有限公司。

基于此，商业银行的组织机构也与《公司法》的规定一致，分别由股东会（股东大会）、董事会、监事会和行长（总经理）组成。

商业银行作为特殊的公司，其公司治理结构颇受各方关注，国际金融监管机构巴塞尔委员会对此尤为重视。特别是东南亚金融危机以后，巴塞尔委员会进行了一系列案例研究，得出结论：商业银行薄弱的管理和治理结构会引发储蓄和信贷危机，从而给政府造成巨大成本；良好的管理和治理结构则会给银行良好的回报。

三、商业银行的授权与授信

中国人民银行于 1996 年 11 月 11 日发布了《商业银行授权、授信管理暂行办法》，对商业银行的授权和授信作了规定。

（一）授权

《商业银行授权、授信管理暂行办法》第五条规定，本办法所称授权，是指商业银行对其所属业务职能部门、分支机构和关键业务岗位开展业务权限的具体规定。第七条规定，本办法所称授权人为商业银行总行。受权人为商业银行业务职能部门和商业银行分支机构。第十一条规定，商业银行授权分为基本授权和特别授权两种方式。基本授权是指对法定经营范围内的常规业务经营所规定的权限。特别授权是指对法定经营范围内的特殊业务包括创新业务、特殊融资项目以及超过基本授权范围的业务所规定的权限。第十二条规定，商业银行的授权分为直接授权和转授权两个层次。直接授权是指商业银行总行对总行有关业务职能部门和管辖分行的授权。转授权是指管辖分行在总行授权权限内对本行有关业务职能处室（部门）和所辖分支行的授权。

（二）授信

授信是指商业银行向非金融机构客户直接提供资金支持或对客户在经济活动中的信用向第三方作出保证的行为。具体范围包括贷款、贴现、承兑和担保。

《商业银行授权、授信管理暂行办法》第八条规定，本办法所称授信人为商业银行业务职能部门及分支机构。受信人为商业银行业务职能部门和分支机构所辖服务区及其客户。第十八条规定，商业银行业务职能部门和各级分支机构与客户签订业务合同时，须向其出示授权书或授信书，双方应按授权书和授信书规定的授权、授信范围签订合同。

四、商业银行的业务

（一）商业银行业务的分类

按资金来源和用途不同，商业银行的业务可分为负债业务、资产业务和中间业务。

1. 负债业务

负债业务是商业银行通过一定的形式组织资金来源的业务，其主要方式是吸收存款、发行金融债券、借款等。存款业务是商业银行的主要负债业务。

2. 资产业务

资产业务是商业银行运用资金的业务，包括发放贷款、进行投资、租赁业务、票据贴现等，是商业银行取得收益的主要途径。其中最主要的是贷款业务。

3. 中间业务

中间业务是指不构成商业银行表内资产、表内负债，形成银行非利息收入的业务。

（二）商业银行可以经营的业务

商业银行可以经营下列部分或者全部业务：

1. 吸收公众存款。

2. 发放短期、中期和长期贷款。

3. 办理国内外结算。

4. 办理票据承兑与贴现。

5. 发行金融债券。

6. 代理发行、代理兑付、承销政府债券。

7. 买卖政府债券、金融债券。

8. 从事同业拆借。

9. 买卖、代理买卖外汇。

10. 从事银行卡业务。

11. 提供信用证服务及担保。

12. 代理收付款项及代理保险业务。

13. 提供保管箱服务。

14. 经国务院银行业监督管理机构批准的其他业务。

（三）商业银行禁止经营的业务

《商业银行法》第四十三条规定，商业银行在中华人民共和国境内不得从事信托投资和证券经营业务，不得向非自用不动产投资或者向非银行金融机构和企业投资，但国家另有规定的除外。

具体来说，商业银行禁止经营的业务包括：①信托投资业务；②证券经营业务；③投资于非自用不动产；④向非银行金融机构投资；⑤向企业投资。

第三节　银行不良资产清收处置及业务经营中的法律风险防范

一、银行不良资产清收处置现状、金融资产管理公司（AMC）及不良资产处置行业格局

（一）贷款的五级分类

1998年4月，中国人民银行参照国际惯例，结合中国国情，制定了《贷款风险分类指导原则》（试行），要求商业银行依据借款人的实际还款能力进行贷款质量的五级分类，即按风险程度将贷款划分为五类：正常、关注、次级、可疑、损失。后三种为不良贷款。

1. 正常：借款人能够履行合同，一直能正常还本付息，不存在任何影响贷款本息及时全额偿还的消极因素，银行对借款人按时足额偿还贷款本息有充分把握。贷款损失的概率为0。

2. 关注：尽管借款人目前有能力偿还贷款本息，但存在一些可能对偿还产生不利影响的因素，比如关联企业出问题了、担保人出问题了等。如这些因素继续下去，借款人的偿还能力受到影响，贷款损失的概率不会超过5%。

3. 次级：完全依靠其正常营业收入无法足额偿还贷款本息，需要通过处分资产或对外融资乃至执行抵押担保来还款付息。即使执行担保，也可能会造成一定损失。贷款损失的概率为30%~50%。

4. 可疑：借款人无法足额偿还贷款本息，即使执行担保，也肯定要造成较大损失，只是因为存在借款人重组、兼并、合并、抵押物处理和未决诉讼等待定因素，损失金额的多少还不能确定，贷款损失的概率为50%~75%。

5. 损失：在采取所有可能的措施或一切必要的法律程序之后，本息仍然无法收回，或只能收回极少部分。也就是说，借款人已无偿还本息的可能，无论采取什么措施和履行什么程序，贷款都注定要损失了，或者虽然能收回极少部分，但其价值也是微乎其微，从银行的角度看，也没有意义和必要再将其作为银行资产在账目上保留下来。对于这类贷款，在履行了必要的法律程序之后应立即予以注销，其贷款损失的概率为75%~100%。

（二）银行不良资产案件的特点

银行不良资产案件具有以下特点：

1. 借贷纠纷成为银行诉讼纠纷的主要类型，可以占到金融执行案件总数的95%以上。

2. 多数借款合同、担保合同法律关系简单、明晰，因此在诉讼过程中，诉讼双方当事人对基本问题争议均不大或没有争议。这是因为银行内部都有关于办理借贷业务的规范流程，业务员必须按照此流程才能将资金贷出。

3. 法院在认定银行业不良资产的案件时，不存在太大的疑问，银行作为债权人的胜诉率极高。

4. 得到执行的比率低。胜诉率高并不意味着银行能够成功收回自己贷出的资金。中国建设银行统计数据显示，不良资产案件的胜诉率达到了97%，但其中只有30%得到了执行。[1]

（三）金融资产管理公司（AMC）及不良资产处置行业格局

金融资产管理公司（Asset Management Company，简称AMC）通常是指专业从事不良资产经营管理的公司。我国的AMC行业主要由四大金融资产管理公司、地方资产管理公司、民营资产管理公司、银行系债转股公司组成。

美国在20世纪80年代至90年代初，曾经发生过一场影响很大的银行业危机。当时，美国约有1 600多家银行，1 300家储蓄和贷款机构陷入了困境。为了化解危机，联邦存款保险公司、联邦储蓄信贷保险公司竭尽全力进行了援助，美国政府也采取了一系列措施，设立了重组信托公司（Resolution Trust Corporation，简称RTC）对储贷机构的不良资产进行处置。1989年—1994年，RTC在化解金融风险、推进金融创新等方面多有建树，被公认为世界上处置金融机构不良资产的成功典范。在某种意义上可以说，正是自RTC开始，组建金融资产管理公司成了各国化解金融风险、处置不良资产的通行做法。

我国金融资产管理公司是经国务院决定设立的收购国有独资商业银行不良贷款，管理和处置因收购国有独资商业银行不良贷款形成的资产的国有独资非银行金融机构。金融资产管理公司以最大限度保全资产、减少损失为主要经营目标，依法独立承担民事责任。我国有四大金融资产管理公司，即中国华融资产管理公司（CHAMC）、中国长城资产管理公司（GWAMC）、中国东方资产管理公司（COAMC）、中国信达资产管理公司（C1NDAMC），分别接收从中国工商银行、中国农业银行、中国银行、中国建设银行剥离出来的不良资产。

未持牌AMC主要承接四大AMC及地方AMC处置效率较低的不良资产包。未持牌

---

[1] 卢继娟. 银行不良资产的执行问题研究[J]. 中国经贸，2015（15）.

AMC 只能从事 10 户以下不良资产的组包转让,但其从事的地域范围并没有限制。

不良资产出售,主要通过以下两种方式。

一是竞价拍卖,主要是以资抵债的资产,在中介机构进行评估论证的基础上,委托拍卖行进行公开拍卖。

二是打包出售,损失资产以及额度小、处置成本高的呆滞贷款,在政策允许的情况下,可以打包捆绑出售。

二、银行不良资产清收处置的模式

银行不良资产处置的传统模式主要包括债务清收模式、打包出售、内部分账经营、坏账核销、发放贷款增量稀释、债务延期或重整、招标拍卖、债转股、实物资产再利用等方式。

银行不良资产处置的创新模式主要包括银行与资产管理公司合作模式;银行与信托公司合作模式;放宽民营资本进入不良资产领域限制;银行表外理财模式(银行先卖出不良资产包,和买方签订回购协议或者通过收益互换收回不良资产的受益权,交易结构为:银行通过设立券商定向资管计划,对接其理财资金,银行向资产管理公司出售不良资产包,资产管理公司再将不良资产包的受益权受让给券商定向资管计划,银行和券商定向资管计划签订收益互换协议;将不良资产的受益权收回);资产证券化模式(由于不良资产的现金流量具有不确定性和不稳定性,以此为支撑的资产,其证券的定价和市场接受程度会受到影响,从而增加出售和变现退出的难度,因此,可以考虑将银行的部分正常贷款搭配组成资金池并证券化出售,以提高其对投资者的吸引力)。

三、银行不良贷款清收的前期风险防范

(一)借款人主体审查

借款人主体审查主要是指对借款人主体资格及还贷能力的审查。个人借款主体须提供的资料包括但不限于身份证明、工作情况证明、收入财产证明尤其是房产等证明。

企业主体应确保营业执照、机构代码证、税务登记证、法人身份证明、开户许可证、验资报告等基础资料真实并年检。

在诉讼中,个体工商户以营业执照上登记的业主为当事人。

(二)担保人主体资格审查

有的金融机构偏重对贷款方资信的书面调查,忽视实地考察,没有对保证人以及担保

物作深入的细致审查,造成虽有信贷担保存在,但起不到担保应有的作用,有的则存在领导指令、未审先批现象,担保方根本不具备担保资格或不符合担保条件,给缺乏资信者可乘之机。这类案件一旦发生,往往贷款回收困难,法院执行也难奏效。

(三) 担保物实地调查的重要性

银行放款前一定要对担保人提供的担保物进行实地考察,考虑其变现能力,并对其权属状况进行严格审查。抵押物的瑕疵体现为分割不能、使用不能、变现不能。

(四) 半成品、应收账款质押问题(浮动抵押)

银行的基础法律关系其实是比较简单的,主要涉及三部法,分别是《合同法》《物权法》《担保法》,当然包括这三部法所有的司法解释。而银行的基本法律关系就是借贷关系,而借贷关系就是合同关系,当然除了借贷以外,还有一些票据、信用证等法律关系,我们将其统称为合同法律关系(主债权法律关系)。除此之外,还有抵押关系、质押关系、保证关系,这是与《物权法》《担保法》有关的。

四、银行不良贷款清收处置中支付令的运用

支付令是指人民法院根据债权人的申请,向债务人发出的限期履行给付金钱或有价证券义务的法律文书,是《民事诉讼法》规定的督促程序。

(一) 申请支付令的条件

1. 贷款已经到期或根据合同约定已经提前到期。
2. 当事行与债务人没有其他债务纠纷。
3. 当事行能够向法院提供用于送达支付令的债务人准确住址。

(二) 支付令的优点与缺点

1. 支付令成本低(费用只有财产案件受理费标准的三分之一)。
2. 债务人收到支付令后的十五日内既不主动履行债务又不提出异议,支付令发生法律效力,生效的支付令与生效的法院判决具有同等法律效力,当事行可以向法院申请强制执行。

支付令一个最大的缺点是:一旦债务人提出异议,支付令就自动失效。当事行应及时采取其他处理措施。

（三）银行申请支付令应注意的法律问题

1. 债务人对支付令的异议应当针对债务本身，并以书面方式提出，口头异议或仅表示缺乏清偿能力，不影响支付令的效力。

2. 申请支付令催讨债务能够导致债务的诉讼时效中断，但是，连带责任保证情况下保证债务诉讼时效除外。因此，银行在申请支付令的同时，对保证人的正常催收工作仍要继续进行，否则容易造成超过担保期限丧失对担保人追索的权利。

3. 当事行应当结合支付令的申请条件和当地法院对支付令的认可程度，综合评估贷款逾期时间、还款意愿、法律成本、可能达到的效果等多种因素后决定是否采用申请支付令的形式处置不良贷款清收。

4. 当事行已向人民法院申请诉前保全的，不宜再申请支付令。

第四节　证券法

一、证券与证券法概述

（一）证券的概念与法律特征

企业发展需要资金，资金就如同企业的血液。但企业依赖自身留存利润套得的资金毕竟有限，多数企业要想发展壮大，都需要从企业外部吸收资金，即外部融资。与此同时，社会上的闲散资金也寻求更有效的利用。但受制于信息不对称问题，两者直接对接的直接融资困难重重。证券市场应运而生。

证券是指各类财产所有权或债权的书面凭证，实质上是具有财产属性的民事权利。证券这个词在狭义和广义上有不同的含义。广义的证券包括证据证券和有价证券。证据证券是起违约证据作用的证券，比如收据、借据、保险单等，但是通常我们所说的证券都不包括这些证据证券，而仅仅包括有价证券。有价证券又分为三种：第一种是货币证券，如汇票、本票、支票等；第二种是货物证券，如提单、货运凭证等；第三种是资本证券，如股票、债券等。狭义的证券仅指资本证券，《证券法》所指的证券即狭义的证券。本节所说的证券也仅指资本证券，即股票和债券。

证券具有以下法律特征。

1. 证券是资本性权利凭证

证券作为权利凭证，发挥着资本信用的职能，属于资本信用范畴。证券是借助于市场经济和社会信用的发达而进行资本聚集的产物。证券作为权利凭证，并非真实的资本，所以也被称之为虚拟资本。

2. 证券具有要式性

证券是具有严格格式要求的权利凭证。首先，证券是书面权利凭证，不能采取口头形式；其次，证券的书面形式具有法定格式要求，是一种规范化的书面凭证。

3. 证券是占有性权利凭证

行使证券权利须占有证券，移转证券权利须交付证券，证券的占有与证券权利的享有具有密切关系。一般情况下，证券的占有者可以推定为证券权利的享有者。

4. 证券是流通性权利凭证

证券可迅速变现为货币以避免风险，这一性能是通过证券的转让来实现的，多次转让就构成了流通。证券的活力就在于证券的流通性，证券的流通性保证了证券制度的顺利发展，当然，证券的流通须依法定要求进行才有效力。

5. 证券是收益性权利凭证

证券的最后目的是权利人获得收益，一方面，证券持有人持有证券就可获得收益，如果是股票，持有人可取得红利和股息收入，如果是债券，持有人可取得利息收入；另一方面，证券持有人通过转让证券获得收益，即行使处分权换取对价。

（二）证券的种类

我国《证券法》所涉及的证券包括股票、公司债券和国务院依法认定的其他证券。以下我们着重介绍股票和债券。

1. 股票

股票是指股份有限公司依法发行的，表明股东所持股份数额并依此享有权益和承担义务的一种有价证券。

根据股东所享有权利的不同，股票也可以分为普通股和优先股。持有普通股的股东对公司的管理和收益享有平等权利，在公司中的法律地位一律平等。普通股的分红多少随经营效益而定，承担的风险比较大。持有优先股的股东对公司资产、利润分配等享有比普通股优先的权利。优先权包括：优先取得股息的权利；当公司解散而清算时，优先分配公司剩余资产的权利。但是优先股分红的多少,是预先设定好的,承担的风险虽小,享有很大收益的可能性也不大。

此外,按照投资主体及资金来源的不同,股票可分为国有股、法人股、社会公众股。按照投资对象及定价币种的不同,股票可以分为人民币普通股(A股或内资股)、境内上市外资股(B股)和境外上市外资股。

2. 债券

债券是指政府、金融机构以及公司或企业依法定程序向投资者发行的,在一定期限内按约定的条件履行还本付息义务的一种有价证券。

债券包括国债、地方债、金融债和企业债。按照是否设置担保,债券可以分为信用债券和担保债券;按照偿还期限的不同,债券可以分为短期债券、中期债券和长期债券;按照付息方式的不同,债券可以分为普通债券、付息债券和贴现债券。

二、证券市场主体

(一)证券监督管理机构

我国《证券法》第七条规定,国务院证券监督管理机构依法对全国证券市场实行集中统一监督管理。目前国务院授权中国证券监督委员会(以下简称中国证监会)负责正确监督管理工作。

中国证监会对地方证券监管部门实行集中统一领导,同时根据各地区证券业发展的实际情况,在部分中心城市设立证监会派出机构,以有效防范和化解风险,逐步建立与社会主义市场经济相适应的证券监管体制。

我国《证券法》对国务院证券监督管理机构在证券市场实施监督管理的职责作了如下规定:①依法制定有关证券市场监督管理的规章、规则,并依法行使审批或者核准权。②依法对证券的发行、交易、登记、托管、结算进行监督管理。③依法对证券发行人、上市公司、证券交易所、证券公司、证券登记结算机构、证券投资基金管理机构、证券投资咨询机构、资信评估机构以及从事证券业务的律师事务所、会计师事务所、资产评估机构的证券业务活动进行监督管理。④依法制定从事证券业务的人员的资格标准和行为准则,并监督实施。⑤依法监督检查证券发行和交易的信息公开情况。⑥依法对证券业协会的活动进行指导和监督。⑦依法对违反证券市场监督管理法律、行政法规的行为进行查处。⑧法律行政法规规定的其他职责。

（二）证券交易所

证券交易所，也称为场内交易所，是专门从事有价证券交易的场所，是买卖股票、公债、公司债券等有价证券的有组织、有固定场所的交易市场，是证券流通市场的中心。我国《证券法》第一百零二条规定，证券交易所是为证券集中交易提供场所和设施，组织和监督证券交易，实行自律管理的法人。目前，我国大陆的证券交易所共有三家：一是上海证券交易所，二是深圳证券交易所，三是北京证券交易所。

（三）证券公司

证券公司是指依照《公司法》和《证券法》的规定，经证券监督管理机构批准设立的从事证券经营业务的有限责任公司或者股份有限公司。证券公司必须在其名称中标明"证券有限责任公司"或者"证券股份有限公司"字样。

1. 证券公司设立的条件

按照《证券法》第一百二十四条的规定，设立证券公司，应当具备以下条件：①有符合法律、行政法规规定的公司章程；②主要股东具有持续盈利能力，信誉良好，最近三年无重大违法违规记录，净资产不低于人民币两亿元；③有符合本法规定的注册资本；④董事、监事、高级管理人员具备任职资格，从业人员具有证券从业资格；⑤有完善的风险管理与内部控制制度；⑥有合格的经营场所和业务设施；⑦符合法律、行政法规规定的和经国务院批准的国务院证券监督管理机构规定的其他条件。

2. 证券公司的业务内容

根据《证券法》第一百二十五条的规定，经国务院证券监督管理机构批准，证券公司可以经营以下部分或者全部业务：①证券经纪；②证券投资咨询；③与证券交易、证券投资活动有关的财务顾问；④证券承销与保荐；⑤证券自营；⑥证券资产管理；⑦其他证券业务。

证券公司经营上述第①项至第③项业务的，注册资本最低限额为人民币五千万元；经营第④项至第⑦项业务之一的，注册资本最低限额为人民币一亿元，经营第④项至第⑦项业务中两项以上的，注册资本最低限额为人民币五亿元。证券公司的注册资本应当是实缴资本。

国务院证券监督管理机构根据审慎监管原则和各项业务的风险程度，可以调整证券公司注册资本最低限额，但不得少于前款规定的限额。

（四）证券登记结算机构

1. 证券登记结算机构及其设立

证券登记结算机构是指为证券交易提供集中的登记托管与结算服务，不以营利为目的的法人。它具有非营利性和专业服务性的特点。

设立证券登记结算机构必须经国务院证券监督管理机构批准，并应当具备以下条件：①自有资金不少于人民币两亿元；②具有证券登记、托管和结算服务所必需的场所和设施；③主要管理人员和业务人员必须具有证券从业资格；④国务院证券监督管理机构规定的其他条件；⑤证券登记结算机构的名称中应当标明"证券登记结算"字样。

2. 证券登记结算机构的职能

证券登记结算机构具有以下职能：①证券账户、结算账户的设立；②证券的托管和过户；③证券持有人名册登记；④证券交易所上市证券交易的清算和交收；⑤受发行人的委托派发证券权益；⑥办理与上述业务有关的查询；⑦国务院证券监督管理机构批准的其他业务。

3. 证券登记结算机构的业务规则

①在运营方式上，证券登记结算机构采取全国集中统一的运营方式。证券登记结算机构章程、业务规则应当依法制定，并须经国务院证券监督管理机构批准。

②妥善保管的义务。证券登记结算机构不得将客户的证券用于质押或者出借给他人。

③证券登记结算机构应当向证券发行人提供证券持有人名册及其有关资料；根据证券登记结算的结果，确认证券持有人持有证券的事实，提供证券持有人登记资料；保证证券持有人名册和登记过户记录真实、准确、完整，不得伪造、篡改、毁坏。

④证券登记结算机构应当采取必要的措施以保证业务的正常进行。这些措施包括：第一，具有必备的服务设备和完善的数据安全保护措施；第二，建立健全的业务、财务和安全防范等管理制度；第三，建立完善的风险管理系统。

⑤证券登记结算机构应当妥善保存登记、托管和结算的原始凭证。重要的原始凭证的保存期不少于二十年。

⑥证券登记结算机构结算风险基金，并存入指定银行的专门账户。结算风险基金用于因技术故障、操作失误、不可抗力造成的证券登记结算机构的损失。证券登记结算机构以风险基金赔偿损失后，应当向有关责任人追偿。

（五）证券交易服务机构

证券交易服务机构是指不直接参与证券的发行和交易，而是专门从事投资证券的资信评级以及会计审计和法律业务，为证券交易提供各种服务的机构。

《证券法》规定，根据投资业务的需要，可以设立专业的证券投资咨询机构、资信评估机构。这些机构的业务人员，必须具备证券专业知识、良好的职业道德和从事证券业务两年以上经验。

证券投资咨询机构的主要服务形式包括：举办讲座、报告会、分析会，在报刊上发表文章、评论，通过电信设备提供服务，等等。但是，根据《证券法》第一百七十一条的规定，证券投资咨询机构的从业人员不得有以下行为：①代理委托人从事证券投资；②与委托人约定分享证券投资收益或者分担证券投资损失；③买卖本咨询机构提供服务的上市公司股票；④利用传播媒介或者通过其他方式提供、传播虚假或者误导投资方的信息；⑤法律、行政法规禁止的其他行为。

为证券的发行、上市或者证券交易活动出具审计报告、资产评估报告或者法律意见书等文件的专业机构和人员，必须按照执业规则规定的工作程序出具报告，对其所出具报告内容的真实性、准确性和完整性进行核查和验证，并就其负有责任的部分承担连带责任。

专业的证券投资咨询机构和资信评估机构，应当按照国务院有关管理部门规定的标准或者收费办法收取服务费用。

（六）中国证券业协会

中国证券业协会是1991年8月经中国人民银行批准，由中国证监会予以资格认定并经民政部核准登记的全国性自律管理组织，其会员是各类证券经营机构。会员大会是其最高权力机关，决定协会的重大事项。

《证券法》第一百七十六条规定，中国证券业协会的职责主要是：①教育和组织会员遵守证券法律、行政法规；②依法维护会员的合法权益，向证券监督管理机构反映会员的建议和要求；③收集整理证券信息，为会员提供服务；④制定会员应遵守的规则，组织会员单位的从业人员的业务培训，开展会员间的业务交流；⑤对会员之间、会员与客户之间发生的证券业务纠纷进行调解；⑥组织会员就证券业的发展、运作及有关内容进行研究；⑦监督、检查会员行为，对违反法律、行政法规或者协会章程的，按照规定给予纪律处分；⑧证券业协会章程规定的其他职责。

三、证券发行

(一) 证券发行的概念

证券发行是指证券的发行者为筹集资金或者调整股权结构,依法向投资者以同一条件出售股票、公司债券以及其他证券并将其交付相对人的活动,它也是进入证券市场的第一步。

发行证券是向社会公开和直接融资的金融活动。根据《证券法》第十条的规定,公开发行证券,必须符合法律、行政法规规定的条件,并依法报经国务院证券监督管理机构或者国务院授权的部门核准或者审批;未经依法核准或者审批,任何单位和个人不得向社会公开发行证券。

有下列情形之一的,为公开发行证券:

1. 向不特定对象发行证券的。
2. 向特定对象发行证券累计超过二百人的。
3. 法律、行政法规规定的其他发行行为。

非公开发行证券,不得采用广告、公开劝诱和变相公开方式。

(二) 股票的发行

1. 股票发行的条件

发行人申请公开发行股票、可转换为股票的公司债券,依法采取承销方与的,或者公开发行法律、行政法规规定实行保荐制度的其他证券的,应当聘请具有保荐资格的机构担任保荐人。保荐人应当遵守业务规则和行业规范,诚实守信,勤勉尽责,对发行人的申请文件和信息披露资料进行审慎核查,督导发行人规范运作。

2. 股票发行的程序

公开发行证券,除必须符合法定条件以外,还应符合一定的程序。

(1) 申请

设立股份有限公司公开发行股票,应当符合《公司法》规定的条件和经国务院批准的国务院证券监督管理机构规定的其他条件,向国务院证券监督管理机构报送募股申请和以下文件:①公司章程;②发起人协议;③发起人姓名或者名称,发起人认购的股份数、出资种类及验资证明;④招股说明书;⑤代收股款银行的名称及地址;⑥承销机构名称及有关的协议。

(2) 审批

根据《证券法》的要求，国务院证券监督管理机构或者国务院授权的部门应当自受理股票发行申请文件之日起三个月内作出决定；不予核准或者审批的，应当作出说明。国务院证券监督管理机构或者国务院授权的部门对已作出的核准决定，发现不符合法律、行政法规规定的，应当予以撤销。尚未发行的，停止发行；已经发行的，股票持有人可以按照发行价并加算银行同期存款利息，要求发行人返还。

(3) 发行

证券发行申请经核准或者审批，发行人应当依照法律、行政法规的规定，在证券公开发行前，公告公开发行募集文件，并将该文件置备于指定场所供公众查阅。发行证券的信息依法公开前，任何知情人不得公开或者泄露该信息。发行人不得在公告公开发行募集文件之前发行证券。股票依法发行后，发行人经营与收益的变化，由发行人自行负责；由此变化引致的投资风险，由投资者自行负责。上市公司发行新股，根据《公司法》发行新股的条件，可以向社会公开募集，也可以向原股东配售。上市公司对发行股票所募资金，必须按招股说明书所列资金用途使用，改变招股说明书所列资金用途，必须经股东大会批准。擅自改变用途而未作纠正的，或者未经股东大会认可的，不得发行新股。

(4) 承销

我国股票的发行实行承销的方式。按照《证券法》第二十八条的规定，发行人向不特定对象发行的证券，法律、行政法规规定应当由证券公司承销的，发行人应当同证券公司签订承销协议。证券承销业务采取代销或者包销方式。

证券代销是指证券公司代发行人发售证券，在承销期结束时，将未出售的证券全部退还给发行人的承销方式。

证券包销是指证券公司将发行人的证券按照协议全部购入或者在承销期结束时将售后剩余证券全部自行购入的承销方式。实践中包销的方式用得比较多。

公开发行证券的发行人有权自主选择承销的证券公司。证券公司不得以不正当竞争手段招揽证券承销业务。

证券公司承销证券，应当同发行人签订代销或者包销协议，并载明以下事项：①当事人的名称、住所及法定代表人姓名；②代销、包销证券的种类、数量、金额及发行价格；③代销、包销的期限以及起止日期；④代销、包销的付款方式及日期；⑤代销、包销的费用和结算办法；⑥违约责任；⑦国务院证券监督管理机构规定的其他事项。

证券公司承销证券，应当对公开发行募集文件的真实性、准确性、完整性进行核查；

发现有虚假记载、误导性陈述或者重大遗漏的,不得进行销售活动;已经销售的,必须立即停止销售活动,并采取纠正措施。

向不特定对象发行的证券票面总值超过人民币五千万元的,应当由承销团承销。承销团应当由主承销和参与承销的证券公司组成。

证券的代销、包销期限最长不得超过九十日。

证券公司在代销、包销期内,对所代销、包销的证券应当保证先行出售给认购人,证券公司不得为本公司预留所代销的证券和预先购入并留存所包销的证券。

股票发行采取溢价发行的,其发行价格由发行人与承销的证券公司协商确定。

股票发行采用代销方式,代销期限届满,向投资者出售的股票数量未达到拟公开发行股票数量百分之七十的,为发行失败。发行人应当按照发行价并加算银行同期存款利息返还给股票认购人。

公开发行股票,代销、包销期限届满,发行人应当在规定的期限内将股票发行情况报国务院证券监督管理机构备案。

(三)债券的发行

根据《证券法》第十六条的规定,公开发行公司债券,应当符合下列条件:

1. 股份有限公司的净资产不低于人民币三千万元,有限责任公司的净资产不低于人民币六千万元。
2. 累计债券余额不超过公司净资产的百分之四十。
3. 最近三年平均可分配利润足以支付公司债券一年的利息。
4. 筹集的资金投向符合国家产业政策。
5. 债券的利率不超过国务院限定的利率水平。
6. 国务院规定的其他条件。

公开发行公司债券筹集的资金,必须用于核准的用途,不得用于弥补亏损和非生产性支出。上市公司发行可转换为股票的公司债券,除应当符合上述规定的条件外,还应当符合《证券法》关于公开发行股票的条件,并报国务院证券监督管理机构核准。

根据《证券法》第十七条的规定,申请公开发行公司债券,应当向国务院授权的部门或者国务院证券监督管理机构报送下列文件:

1. 公司营业执照。
2. 公司章程。
3. 公司债券募集办法。

4. 资产评估报告和验资报告。

5. 国务院授权的部门或者国务院证券监督管理机构规定的其他文件。

依照《证券法》规定聘请保荐人的，还应当报送保荐人出具的发行保荐书。

此外，根据《证券法》第十八条的规定，有下列情形之一的，不得再次公开发行公司债券：

1. 前一次公开发行的公司债券尚未募足。

2. 对已公开发行的公司债券或者其他债务有违约或者延迟支付本息的事实，仍处于继续状态。

③违反本法规定，改变公开发行公司债券所募资金的用途。

四、证券交易

证券交易是指依照交易规则对已经依法发行并经投资者认购的证券进行买卖的行为。

（一）证券交易的原则

经依法批准上市交易的股票、依法核准上市的公司债券，应当在证券交易所挂牌交易。挂牌交易，应当采用公开的集中竞价交易的方式。在证券交易中，交易双方通过竞争形成交易价格，交易双方在遵守公开、公平、公正这三项证券法律基本原则的情况下，还应遵守以下原则。

1. 价格优先

价格优先是指同时有两个买（卖）方进行买卖同种证券时，作为买方给的价格高时，应处在优先购买地位；作为卖方给的价格低时，应处在优先卖出的地位。

2. 时间优先原则

时间优先原则在价格优先原则下执行，即在交易过程中，同一证券出现相同的报价时，以先行报价的一方优先成交。在计算机终端报价时，除前所述的优先原则外，市场买卖优先满足限价买卖。成交时的时间优先顺序，按照计算机主机接收的时间顺序确定，证券商更改申报的，其原申报的时间顺序自然撤销，以更改后报出的时间为准。

3. 数量优先原则

数量优先原则在价格优先原则和时间优先原则下执行，即在交易过程中，对同一证券同一时间出现相同的报价时，以委托交易额较大的一方优先成交。

（二）证券交易的种类

可根据不同的标准对证券交易进行分类，根据成交时间和交割时间不同，证券交易主要可以分为：现货交易和期货交易；足额保证金交易和信用交易。

1. 现货交易和期货交易

现货交易是最普通的交易，是指证券交易双方在成交后及时交割清算证券的交易方式。即证券买方将现金或者票据交给卖方，卖方将证券交付给买方的交易方式。在实际的操作中，证券成交与交割一般都有一定的时间间隔。所谓的"一定的时间间隔"一般较短，最多一日或两日。我国实行的是 T+1 制度，也就是说证券经纪机构与投资者之间在成交之后的下一个营业日办理完毕交割事宜。

期货交易是指以将来的特定人作为清算交割人，在现时点卖出或者买入证券的交易方式。期货交易的双方一般是买卖一种标准的证券期货合约。当事人就某种证券的数量和价格达成协议，根据协议，双方在将来规定的时间交割，即在特定的交割日，交易双方必须按照事先约定的价格，购进或者售出一定数量的证券而不论这一证券的现时价格。这种交易一般不必以现货实际交割为条件，大部分期货合约在交割前，就通过对冲买卖了结了交易，双方到期只是结算差额。

2. 足额保证金交易和信用交易

足额保证金交易是指要求客户在进行证券买卖前必须交存足额的保证金，证券商不代为垫款的交易方式。信用交易则是指客户按照法律规定，在买卖证券时只向证券商交付一定的保证金，由证券商提供融资或融券进行交易。

五、证券上市

（一）证券上市的概念

证券上市是指发行人发行的证券依法定条件和程序，在证券交易所或其他法定交易市场公开挂牌交易的法律行为。证券一旦获准上市交易，就成了上市证券。

证券的上市与证券的发行有明显的区别：首先，证券发行的对象是初始投资者，这些投资者要通过申购程序产生；证券上市的对象则是市场的所有投资者，想购买证券的人通过交易场所均可购得。其次，证券发行的价格一般是事先确定的；而证券上市的价格则通过交易场所竞价产生，由供求情况决定。最后，证券发行的卖方是特定的，买方是不特定的；而证券上市的买卖双方均是不特定的。证券发行也可以与证券上市合并进行。

（二）股票上市的条件

申请股票、可转换为股票的公司债券或者法律、行政法规规定实行保荐制度的其他证券上市交易，应当聘请具有保荐资格的机构担任保荐人。

《证券法》第五十条规定，股份有限公司申请股票上市，应当符合下列条件：

1. 股票经国务院证券监督管理机构核准已公开发行。
2. 公司股本总额不少于人民币三千万元。
3. 公开发行的股份达到公司股份总数的百分之二十五以上；公司股本总额超过人民币四亿元的，公开发行股份的比例为百分之十以上。
4. 公司最近三年无重大违法行为，财务会计报告无虚假记载。

证券交易所可以规定高于前款规定的上市条件，并报国务院证券监督管理机构批准。

（三）股票上市的程序

股份有限公司申请股票上市具备上述条件后，还应符合一定的程序。

根据《证券法》第五十二条的规定，申请股票上市交易，应当向证券交易所报送以下文件：①上市报告书；②申请上市的股东大会决议；③公司章程；④公司的营业执照；⑤依法经会计师事务所审计的公司最近三年的财务会计报告；⑥法律意见书和上市保荐书；⑦最近一次的招股说明书；⑧证券交易所上市规则规定的其他文件。

《证券法》第五十三条规定，股票上市交易申请经证券交易所审核同意后，签订上市协议的公司应当在规定的期限内公告股票上市的有关文件，并将该文件置备于指定场所供公众查阅。

《证券法》第五十四条规定，签订上市协议的公司除公告前条规定的文件外，还应当公告下列事项：

1. 股票获准在证券交易所交易的日期。
2. 持有公司股份最多的前十名股东的名单和持股数额。
3. 公司的实际控制人。
4. 董事、监事、高级管理人员的姓名及其持有本公司股票和债券的情况。

（四）上市辅导

《证券法》中并没有明确规定上市辅导的制度，但是在我国证券法律实务中；根据中国证监会的有关文件精神,自 1995 年以后一直存在着上市辅导制度,上市辅导是我国实践中所特有的做法。上市辅导的目的在于消除企业的不法行为,建立企业的合理运行机制。根据这一制度,承销机构应当在与证券发行人签订股票承销协议之日起,至公司股票上市后满一年时止,依照双方之间签订的辅导协议,向证券发行人及其高级管理人员提供与证券发行及上市有关的培训和协助,使其对《公司法》、证券法规、证券知识和政策等获得必要的了解。

(五) 股票上市的暂停与终止

上市公司股票上市的暂停是指上市公司出现了法律规定的股票不宜继续上市交易的情形,由国务院证券监督管理部门决定暂时停止其上市交易。暂停的情形消除后经申请仍可继续上市。根据《证券法》第五十五条的规定,股票上市的暂停包括以下情况:①公司股本总额、股权分布等发生变化不再具备上市的条件;②公司不按规定公开其财务状况,或者对财务会计报告作虚假记载;③公司有重大违法行为;④公司最近三年连续亏损;⑤证券交易所上市规则规定的其他情形。

股票上市的终止是指上市公司在出现法定情形后,由国务院证券管理部门决定终止其股票上市资格。根据《证券法》第五十六条的规定,股票上市的终止包括以下情况:①公司股本总额、股权分布等发生变化不再具备上市条件,在证券交易所规定的期限内仍不能达到上市条件;②公司不按照规定公开其财务状况,或者对财务会计报告作虚假记载,且拒绝纠正;③公司最近三年连续亏损,在其后一个年度内未能恢复盈利;④公司解散或者被宣告破产;⑤证券交易所上市规则规定的其他情形。

(六) 公司债券的上市

1. 公司债券上市的条件

公司申请其发行的公司债券的上市,根据《证券法》第五十七条的规定,应符合以下条件:债券期限应为一年以上;债券实际发行额应当不少于人民币五千万元;公司申请债券上市时仍符合法定的公司债券发行条件。

2. 公司债券上市的程序

(1) 申请

在我国,公司申请其发行的公司债券上市交易,应当报经国务院证券监督管理机构核准。国务院证券监督管理机构可以授权证券交易所依照法定的条件和法定程序核准公司债券上市申请。

向国务院证券监督管理机构提出公司债券上市交易申请时，应当提交以下文件：①上市报告书；②申请上市的董事会决议；③公司章程；④公司营业执照；⑤公司债券募集办法；⑥公司债券的实际发行数额；⑦证券交易所上市规则规定的其他文件。

申请可转换为股票的公司债券上市交易，还应当报送保荐人出具的上市保荐书。

（2）安排上市

公司债券上市交易申请经证券交易所审核同意后，签订上市协议的公司应当在规定的期限内公告公司债券上市文件及有关文件，并将其申请文件置备于指定场所供公众查阅。

3. 公司债券上市的暂停与终止

根据《证券法》第六十条的规定，公司债券上市交易后，公司有以下情形之一的，由国务院证券监督管理机构决定暂停其公司债券上市交易：①公司有重大违法行为；②公司情况发生重大变化不符合公司债券上市条件；③公司债券所募集资金不按照审批机关批准的用途使用；④未按照公司债券募集办法履行义务；⑤公司最近两年连续亏损。根据规定，在期限内未能消除上述情形的，由国务院证券监督管理机构决定终止该公司债券上市。

公司解散、依法被责令关闭或者被宣告破产的，由证券交易所终止其公司债券上市，并报国务院证券监督管理机构备案。

（七）持续信息公开

为防止欺诈，保护投资者的利益，便于投资者及时、准确地掌握市场信息，上市公司应当定期向社会公众公开其经营和财务状况。持续信息公开，也称为信息披露，是指证券交易中的信息公开。我国《证券法》第六十三条规定，发行人、上市公司依法披露的信息，必须真实、准确、完整，不得有虚假记载、误导性陈述或者重大遗漏。第六十四条规定，经国务院证券监督管理机构核准依法发行股票，或者经国务院授权的部门批准依法发行公司债券，应当公告招股说明书、公司债券募集办法。依法公开发行新股或者公司债券的，还应当公告财务会计报告。

信息披露的主要方式包括报刊登载、备置文件、文件备案、答复询问等。披露的内容主要包括以下几方面。

1. 上市公告

上市公告的内容包括：①证券发行文件的主要内容；②发行与上市的有关情况；③证

券交易所要求载明的其他事项。

2. 公告中期报告

股票或者公司债券上市交易的公司，应当在每一会计年度的上半年结束之日起两个月内，向国务院证券监督管理机构和证券交易所提交记载以下内容的中期报告，并予公告：

①公司财务会计报告和经营情况；②涉及公司的重大诉讼事项；③已发行的股票、公司债券变动情况；④提交股东大会审议的重要事项；⑤国务院证券监督管理机构规定的其他事项。

3. 公告年度报告

股票或者公司债券上市交易的公司，应当在每一会计年度结束之日起四个月内，向国务院证券监督管理机构和证券交易所提交记载以下内容的年度报告，并予公告：①公司概况；②公司财务会计报告和经营情况；③董事、监事、经理及有关高级管理人员简介及其持股情况；④已发行的股票、公司债券情况，包括持有公司股份最多的前十名股东名单和持股数额；⑤国务院证券监督管理机构规定的其他事项。

4. 临时报告

发生可能对上市公司股票交易价格产生较大影响而投资者尚未得知的重大事件时，上市公司应当立即将有关这一重大事件的情况向国务院证券监督管理机构和证券交易所提交临时报告，并予公告。

第五节 票据法

一、票据

（一）票据的概念

票据是出票人依法签发的约定由自己或指定他人在一定时间、一定地点，按票面所载文义无条件支付一定金额的有价证券。广义上的票据，泛指商业的凭证，如钞票、发票、提单、股票、国库券等。狭义的票据仅指票据法所规定的票据。《中华人民共和国票据法》（以下简称《票据法》）第二条规定，本法所称票据，是指汇票、本票和支票。

（二）票据关系与非票据关系

票据关系是指基于票据行为所产生的债权债务关系，可分为以下几种：①票据的签发交付关系；②票据的背书转让关系；③票据的承兑、付款关系；④票据的参加、保证关系；⑤票据的追索关系。

非票据关系是相对于票据关系而言的一种法律关系，这类关系虽不是基于票据本身而发生的，但却与票据有密切联系。根据产生的法律基础不同，非票据关系又分为票据法上的非票据关系与票据基础关系。

（三）票据行为

票据行为仅指承担票据债务的要式法律行为，包括出票、背书、承兑、保付四种，我国的票据行为包括出票、背书、承兑、保证、付款、追索。

票据行为又可再分为基本票据行为和附属票据行为两类。基本票据行为仅指出票行为，又称主票据行为，是创造票据的基本行为。票据是设权证券，票据上的权利义务是通过出票行为创设的，票据的有效无效、票据权利内容等，都须依据出票行为来确定，其他票据行为都建立在出票行为的基础上，并在出票行为之后才能进行。如果出票行为无效，票据即为无效，而且为绝对、当然无效，其他票据行为也随之无效。附属票据行为，又称从票据行为，是指以出票行为为前提，在出票行为完成之后所进行的行为，是除出票行为以外的其他票据行为。

票据行为是一种特定的民事法律行为，主要有要式性、抽象性、文义性、独立性四个特征。

（四）票据的更改、伪造与变造

1. 票据更改

票据更改是指享有变更权的人更改票据所记载的事项的行为。票据上记载的事项予以变更时，必须符合以下法定条件：①更改人必须是有权更改的人，只限定为原记载人；②更改的内容必须符合法律规定；③更改票据必须符合一定的时间条件；④更改的票据应符合法律规定的形式。

我国《票据法》第九条规定了不能更改的记载事项和可以更改记载的事项。票据金额、日期、收款人名称不得更改，更改的票据无效。对于票据上的其他记载事项，原记载人可以更改，更改时应当由原记载人签章证明。

2. 票据伪造

票据伪造是指假冒他人名义而为票据行为的行为，一般又分为票据本身的伪造与票据签名的伪造。

（1）票据本身的伪造

票据本身的伪造是指假冒他人名义而为出票行为的行为。

（2）票据签名的伪造

票据签名的伪造是指假冒他人的名义而为出票以外的票据行为，如假冒他人名义的背书、保证或承兑的行为。

票据伪造的效力，对不同的票据当事人是不同的，具体如下所述。

①对被伪造人的效力。由于被伪造人自己并未于票据上签名，因而不负任何票据责任。被伪造人可以对抗一切持票人，包括取得票据时无恶意或有重大过失的善意持票人。但是，票据的伪造行为归责于被伪造人的过错时，如被伪造人将自己的印章由伪造人保管或伪造人是被伪造人的雇员、经理人员时，被伪造人不得以票据伪造为由对抗善意持票人。

②对伪造人的效力。由于伪造人是假冒他人名义而为票据行为，他并未将自己的真实姓名签在票据上，因而不负票据责任，但这并非说伪造者没有责任，根据我国《票据法》第十四条的规定，伪造者应当承担法律责任，这是指伪造者应当承担刑事责任和民事责任。

③对其他真正签名人的效力。票据的伪造行为不影响真正签名人所为的票据行为的效力。

④对付款人的效力。持票人持伪造的票据向付款人提示付款时，付款人如发现票据属伪造，有权拒绝承兑或者拒付。若付款人对票据上的伪造签名没有辨认出来而付款，付款人应自负责任。

3. 票据变造

无权变更票据文义权利的人，就票据所记载的事项加以变更的行为，称为票据变造。票据变造应具备以下几个要件：①须为无权变更。我国《票据法》第九条第二款规定，任何人无权更改票据金额、日期、收款人名称，更改了就属变造票据。②仅限于签名以外的票据所记载事项的变造。③仅限于对已成立的合法票据的变更。尚未依法成立的票据不发生变造问题。④必须以行使票据权利为目的。

票据变造的效力具体体现在以下几方面。

(1) 对变造人的效力

对变造人的效力分两种情况：①变造人在票据上签章了，就应对其签章时票据上的文义负责；②变造人没有在票据上签章，则变造人不承担票据上的责任，但可依刑法或民法追究其相应的刑事责任和民事责任。

(2) 对变造前签章人的效力

票据当事人应对其签章时票据上的记载事项负责，而不能对其签章以后变造票据所记载的事项负责。

(3) 对变造后签章人的效力

票据变造后的真实签章人，对其签章的内容要承担其签章时票据所记载的事项的票据责任。

(4) 不能辨别签章在票据变造之前或者之后的效力

我国《票据法》第十四条规定，不能辨别签章在票据变造之前或者之后的，视同签章在变造之前。

(五) 票据丧失与票据时效

1. 票据丧失的概念

票据的持票人或票据权利人并非出于本人的意愿而丧失对票据的占有，称为票据丧失。依票据是否还现实存在，票据丧失可以分为两类：绝对丧失和相对丧失。

2. 票据丧失的补救方式

(1) 挂失止付

挂失止付是指失票人将票据丧失的事实通知票据付款人，并指示付款人停止支付款项的一种补救办法。关于挂失止付在操作上应注意以下几点：①有权通知停止付款的人必须是失票人，失票人是票据权利人。②申请挂失止付应当及时。③申请挂失止付的通知方式愈明愈好，大多采用书面形式。④挂失止付通知时应告知付款人失票的基本情况。⑤丧失的票据必须是有效票据。我国《票据法》第二十二条、第八十五条规定，对没有记载付款人名称的汇票与支票的挂失止付无效。故未记载付款人或者无法确定付款人及其代理付款人的票据，不得申请挂失止付。此外，被司法机关扣押、没收或判决归他人的票据，原票据权利人不得申请挂失止付。⑥付款人收到挂失止付通知后，应当立即查明该挂失票据的基本情况，在没有被冒领的情况下应立即停止支付该票据款项。付款人或代理付款人自收到挂失止付通知之日起十二日内没有收到人民法院的止付通知书的，自第十三日起，持票人提示付款并依法向持票人付款的,付款人不再承担责任。如果付款人与取款人恶意串通,或由于付款人的过失,在申请挂失止付后付款人支付该票据款项,付款人应对此承担责任,并继续承担对失票人的付款责任。根据最高人民法院《关于审理票据纠纷案件若干问题的规定》第二十八条、第三十一条的规定,代理付款人在人民法院公示催告公告发布以前按照规定程序善意付款后,承兑人或者付款人以已经公示催告为由拒付代理付款人已经垫付的款项的,人民法院不予支持。付款人或者代理付款人收到人民法院发出的止付通知书后,应当立即停止支付,直至公示催告程序终结。非经发出止付通知书的人民法院许可擅自解付的,不得免除票据责任。公示催告期间,转让票据权利的行为无效。⑦申请挂失止付后三日内,应当向人民法院申请公示催告或向人民法院提起诉讼。

(2) 公示催告

公示催告是人民法院根据失票人的申请,以公告的方式,告知并催促利害关系人在指定期限内向法院申报权利,如不申报权利,法院依法作出宣告票据无效的程序。公示催告的程序为:①失票人向法院提出申请,这里所称的失票人既包括最后持票人,也包括票据在开出后、交付前丢失票据的出票人。②法院对申请进行调查。③法院发出公告催促利害关系人申报权利。④法院根据公告期满后是否有权利申报人而作出除权判决与驳回除权判决的申请。公告期满后若无人申报权利,法院应根据公示催告人的再次申请,作出除权判决,除去丧失的票据上的权利,丧失票据的人可凭法院的除权判决行使票据权利。

公示催告的效力为:①对票据付款人的效力。在公示催告期间,法院可依失票人的申请,向付款人发布禁止支付的命令。失票人凭法院的除权判决向付款人请求付款时,付款人不得以已支付持票人为由对抗失票人。②对票据善意受让人的效力。当票据处于相对丧失状态时,票据难免为善意的并给付了对价的受让人占有,此时,失票人不得对善意受让人主张权利。③对请求支付或提存的效力。在公示催告期间,若失票人因商业或其他方面的需要,请求支付票面金额时,对于到期的票据,可由申请人提供担保。申请人不能提供担保的,可以申请将票据金额依法提存。

(3) 提起诉讼

提起诉讼是对公示催告制度的完善和补充。由于票据流通范围很广,企业和银行不能及时得知收受的票据是否已被公示催告,从而承担较大风险,而且公示催告的停止支付通知书难以送达每一个不确定的付款银行,因此,为了保障票据权利人的利益,减少风险,我国《票据法》规定了失票人可以向法院提起诉讼,但失票人应举证证明自己对票据有所有权,证明票据的内容与丧失票据的事实,并向对票据应负责任的任何当事人请求补偿,法院可以要求原告提供相应的担保,使被告不至于因票据上的其他权利主张而遭受损失。

3. 票据时效

我国《票据法》第十七条规定了票据的消灭时效。建立票据消灭时效制度的目的是促使票据权利人在规定期间及时行使票据权利，以避免票据债务人长期处于可能随时被人请求支付票据金额的状态。

票据时效具体包括以下内容。

（1）关于票据付款请求权的消灭时效

①持票人对于所持的定日付款、出票后定期付款和见票后定期付款的汇票，从该票据到期日开始，如果两年之内一直未主张付款请求权，则其票据权利丧失，不得再以该汇票要求票据债务人承担票据责任。②持票人对于所持的见票即付汇票、本票，如果在出票日起两年之内一直未向汇票、本票的出票人或付款人行使其权利，则丧失票据权利。见票即付的汇票或本票都没有确定的远期到期日，因此，其消灭时效不得按到期日计算，而是按出票日来计算。③支票的持有人对于所持支票，如果在出票日起六个月内持续地不向出票人行使，也就是不向支票出票人的开户银行请求支付票款，则丧失票据权利。

（2）关于票据追索权的消灭时效

追索权行使的前提是票据被拒绝承兑或到期被拒绝付款。我国《票据法》第十七条第三、四款有如下规定：①票据背书转让的最后的持票人，在不能获得承兑或付款时应从被拒绝承兑或被拒绝付款之日起六个月内，行使其追索权；②被追索人清偿票据债务后，取代持票人自清偿日起或者因清偿纠纷被提起诉讼之日起三个月内向其前手行使再追索权。

（六）利益偿还请求权

所谓利益偿还请求权，是指票据上的权利因时效或手续欠缺而消灭时，持票人在出票人或承兑人所得利益的限度内，请求其偿还利益的权利。

票据的时效期间较短，持票人与普通债权人相比更容易因时效而丧失票据权利。我国《票据法》第十八条规定了补救制度，以保护持票人的合法权益。利益偿还请求权的成立要件如下。

1. 只有持票人有权行使利益偿还请求权。行使利益偿还请求权的人仅限于持票人，此处的持票人并不以最终持票人为限，还包括因被追索或主动履行了票据债务后取得票据的背书人或履行了票据债务的保证人。

2. 票据上的权利应曾经合法有效。行使利益偿还请求权的人必须是曾经有过票据权利，后又因某种原因丧失了票据权利的人。

3. 票据权利必须是因超过时效或者因票据记载事项欠缺而丧失的。利益偿还请求权不能用于因其他原因而丧失票据权利，如因恶意或者重大过失而不得享有票据权利的情形。

4. 出票人和承兑人得到了额外利益。如果出票人或承兑人没有得到相应的利益，则不承担利益偿还请求的责任，并且出票人和承兑人仅以其所得利益为限进行偿还。

行使利益偿还请求权也有一定的时效限制，依据我国《民法典》的规定，向人民法院请示保护民事权利的诉讼时效为两年。

二、汇票

（一）汇票概述

《票据法》第十九条规定，汇票是出票人签发的，委托付款人在见票时或指定日期无条件支付确定的金额给收款人或持票人的票据。在汇票关系中最基本的有三方当事人：①出票人，即签发汇票给相对方的人；②收款人，也叫受款人，是持有汇票并可以请求付款的人；③付款人，即受出票人委托，向持票人进行票据金额支付的人。

我国《票据法》第十九条第二款规定，汇票分为银行汇票和商业汇票。银行签发的汇票称为银行汇票，银行以外的法人、其他经济组织等签发的汇票称为商业汇票。

（二）汇票的出票

汇票的出票是出票人签发票据并将票据交付给收款人的票据行为。汇票签发是指出票人委托付款人向受款人支付一定金额的行为。票据权利因出票而产生，因而出票是基本票据行为。

汇票上记载的事项分为绝对应记载事项与相对应记载事项。

（三）汇票的背书

背书是以转让票据权利或者将一定的票据权利授予他人行使为目的，在票据背面或者粘单上记载有关事项并签章的票据行为。它有以下特征：①背书为附属的票据行为。当出票行为无效而使票据无效时，背书行为也归于无效。②背书是以转让票据权利或将一定的票据权利授予他人行使为主要目的的行为。③背书是持票人所为的票据行为。④背书是一种要式行为，背书时应在票据背面或者粘单上记载有关事项并签章，以区别出票人的出票行为及付款人的承兑行为。⑤背书的不可分性。这是指背书转让的权利必须是票据上的全部权利。⑥背书的无条件性。无条件性是指背书时必须是无条件的。背书人在背书时附有条件的,其所附条件不具有票据法上的效力,视为无记载。

1. 禁止背书

我国《票据法》第二十七条规定,出票人在汇票上记载不得"转让字样"的,汇票不得转让。出票人禁止背书往往有以下原因:①防止抗辩被切断;②为防止与收款人以外的人发生票据关系。

2. 转让背书

按背书的记载事项是否完全,转让背书可分为完全背书和空白背书。我国《票据法》只对完全背书作了规定。完全背书,又称正式背书或记名背书,是指背书人在转让汇票时同时记载自己和被背书人的姓名以及背书日期,以明确付款人向某人或某人的指定人付款的行为。转让背书的法律意义在于:①背书的时间顺序有利于确定背书的连续状况,有利于确认持票人的债权。②背书日期可以决定背书人背书时的行为能力。如对于未记载日期的背书,我国《票据法》从保护持票人的利益出发,规定将其推定为汇票到期日期前背书。

背书应当连续。背书连续是指汇票上所记载的背书,从最初的收款人至最后的持票人,在形式上具有连续不间断性,即除第一次背书的背书人为收款人外,第二次背书的背书人均为前一次背书的被背书人,依次前后衔接,一直到最后的持票人。持票人所持汇票上的背书,只要符合连续性的要求,法律就推定他为正当的票据权利人。仅凭背书的连续,持票人就可行使票据权利,这是汇票背书转让的权利证明效力,又称为资格授予效力。

背书人在背书后对其后手(被背书人)实现票据权利负有担保责任。当持票人的权利(包括请求承兑和请求付款的权利)遭拒绝时,就可向背书人行使追索权。背书人的这种担保责任,不仅限于其直接后手,对所有后手均得负责。但如果背书人作了"背书禁止"的记载,则不在此限。对背书人来说,负担责任并非其作背书的本意,而是票据法规定的一种法定责任。我国《票据法》规定,它是一种无法免除的绝对责任。

3. 非转让背书

非转让背书是不以转让票据权利为目的的背书。这类背书主要有两种:一种是委托背书,另一种是设质背书。

(1) 委托背书

委托背书,又称委托收款背书,是指背书人授权被背书人代理自己行使票据权利的背书。委托背书的背书人有时也授权被背书人代行收款以外的权利。背书人在作成委托背书并交予被背书人时,并不发生票据权利转移的效力,被背书人并不取得票据权利,票据权利人仍是背书人。这便是委托背书与转让背书不同的地方。委托背书的款式,除了必须记载文句外,其他应记载事项与转让背书相同,也分为完全背书与空白背书两种。委托背书通常用"托收""代理"等表示。

我国《票据法》第三十五条规定,背书记载"委托收款"字样的,被背书人有权代背书人行使被委托的票据权利,但是,被背书人不得再以背书转让票据权利。

委托背书不是权利转让背书,所以委托背书的效力与转让背书不同。委托背书的效力如下:①代理权授予效力。委托背书不发生权利转移的效力,仅使被背书人获得代理权。代理权的范围是行使票据上的一切权利。②权利证明效力。委托背书也有权利证明效力,只不过所证明的不是票据权利,而是代理权。经委托背书而取得汇票的持票人仅凭背书的连续就可证明自己有代理权,而不必另行举出证明。

(2)设质背书

设质背书是指持票人在汇票上背书,将该票据作为质押权的标的,交付质押权人,由该质押权人(也就是设质背书的被背书人)取得该票据。设质背书的格式与转让背书相同,可以是完全背书,也可以是空白背书,但必须记载"设质文句",设质文句常用"因担保""设质"等字样。

设质背书具有以下效力:①设定质权效力。被背书人因设质背书而取得质权,作为债权的担保,被背书人(质权人)可以用票据金额优先偿还自己的被担保债权。因而被背书人可以以自己的名义行使汇票上的一切权利,包括提出汇票请求付款、受领票款、行使追索权等。②权利证明效力。被背书人可以背书连续证明自己是合法质权人,不需要另行提出实质上的证据。

(四)汇票的承兑

承兑是汇票付款人明确表示于到期日支付汇票金额的一种票据行为。出票人签发票据时,虽然记载了委托付款人无条件支付确定的金额给收款人或持票人,但受委托的付款人在承兑之前,并非当然的汇票债务人,只有经其承兑,表示愿意支付汇票金额,其才变为承兑人,成为汇票的主债务人,对持票人负绝对的付款责任。

承兑有以下效力:①付款人承兑后即成为承兑人,负有于到期日绝对付款的责任。承兑人的这种义务为法定义务,因而承兑人即使未收到资金,也不得以此对抗被承兑人。②对持票人来讲,汇票一经承兑,其票据权利便由承兑前的期待权变为现实权,于到期日向承兑人请求付款。承兑人到期不付款,持票人即使是原出票人,也可就票面金额、利息和其他支出款项直接向承兑人进行追索。③对出票人和背书人而言，汇票经过付款人承兑后，出票人和汇票上所有背书人均免受期前追索。

承兑的程序主要包括持票人提示承兑和付款人承兑。

第一，承兑的提示。承兑的提示是汇票的持票人在承兑的期限内，以确定和保全其票据权利为目的，向付款人出示票据，请求予以承兑的行为。提示承兑不是票据行为，而是承兑这一票据行为的前提。除了见票即付的汇票无须承兑外，应承兑的汇票与可以承兑的汇票的请求承兑有一定的期限，这种期限称为承兑提示期间。我国《票据法》对见票后定期付款的汇票，规定持票人应当自出票日起一个月内向付款人提示承兑。汇票未按照规定期限提示承兑的，持票人丧失对其前手的追索权。

第二，付款人的承兑。持票人向付款人提示承兑后，付款人应尽快决定承兑或拒绝承兑。我国《票据法》规定，付款人对向其提示承兑的汇票，应当自收到提示承兑的汇票之日起三日内承兑或拒绝承兑。承兑人在承兑时应在汇票上记载"承兑"或其他同义文句并由其签名，对于见票后定期付款的汇票或指定请求承兑期限的汇票，还应记载承兑日期。

（五）汇票的保证

票据保证就是票据债务人以外的人，为担保票据债务的履行，以负责某一内容的票据债务为目的所为的一种附属的票据行为。

凡汇票上的债务人都可以充当被保证人，汇票上的承兑人、出票人、背书人都可以是被保证人。但无担保背书的背书人、未承兑的付款人，事实上不可能成为被保证人。保证人可以是票据债务人以外的任何第三人，自然人与法人均可。

票据保证应在汇票上或其粘单上为之。如果为承兑人作保证，则可记载于票据正面，如为背书人作保证，可记载于票据反面。票据保证应记载以下事项：①表明"保证"字样，"担保"亦可。②保证人的名称、地址。③保证日期。如果未记载日期，以出票日期为保证日期。④被保证人的名称。如果未记载被保证人名称，承兑人为被保证人，未经承兑的，出票人为被保证人。⑤保证人签章。保证不得附有条件，附有条件的，不影响对汇票的保证责任。

保证人责任的特点包括：①被保证的债务有效时，保证具有从属性，保证人与被保证人负同一责任。②保证人责任的独立性。只要被保证的债务在形式上有效成立，即使在实质上无效（如被保证人无行为能力或签名伪造），保证仍然有效，保证人不能因此免责。③保证人为两人以上的，应就被保证债务负连带责任，这种连带责任是法定的而非约定的。

票据保证人清偿了票据债务后,其保证责任消灭,被保证人的主债务也消灭,保证人同时取得持票人的资格,有权向票据上的有关债务人行使追索权,即可向被保证人及其前手行使追索权,受追索的对象不能以其与原持票人之间存在的抗辩事由对抗保证人。

持票人可以直接向保证人主张权利。票据保证行为本身并不免除任何票据债务人的票据责任,保证人向持票人履行了票据债务后,被保证人的后手即可免责,被保证人及其前手仍负有对保证人清偿的责任。由于保证人的票据权利是通过对原持票人的清偿所得的,并非从被保证人继受而来,因而"抗辩切断"对保证人仍应适用。所有前手均不得以其与被保证人或原持票人之间存在的抗辩事由对抗保证人。

(六)付款

广义的付款是指一切票据关系人,依票据文义向票据债权人支付票据所载金额的行为。狭义的付款则仅指付款人或担当付款人支付票据金额以消灭票据关系的行为。这里所讲的是狭义的付款。付款在程序上分为两大步骤:提示与付款。

1. 提示

提示是指持票人向付款人或担当付款人出示票据以请求付款的行为。提示是付款的前提。合法的提示对持票人及义务人发生以下效力:①对持票人来讲,提示产生保全追索权的效果。持票人如在法定期间不作付款的提示,则对前手丧失追索权,如不在约定期间提示付款,则对约定的前手丧失追索权。因而,提示是付款的必经程序。②付款人或担当付款人经提示后如不付款,即构成债务不履行,应负迟延责任。

提示期间因汇票种类不同而有差异:①见票即付的汇票之提示期间自出票日起计算,为一个月。②我国《票据法》第五十三条规定,定日付款,出票后定期付款或者见票后定期付款的汇票,自到期日起十日内向承兑人提示付款。

2. 付款

(1)付款时间

我国《票据法》第五十四条规定,持票人依照前条规定提示付款的,付款人在当日必须足额付款。可见,持票人一经提示,付款人应立即付款。

(2)付款的货币问题

我国《票据法》规定,汇票金额为外币的,按照付款日的市场汇价,以人民币支付。汇票当事人对汇票支付的货币种类另有约定的,从其约定。

(3) 付款人的审查义务

付款人对于持票人的资格仅负形式上的审查义务,即对票据的格式是否合法、绝对应记载事项是否齐全、背书是否连续进行审查。至于背书人的签名是否真实、持票人是否为真正权利人等实质性问题,付款人无审查义务,但付款人在主观上负有注意的义务,即要求付款人在主观上必须没有恶意或重大过失。如果他明知持票人不是真正权利人或只要稍加注意便可查知持票人不是真正权利人,仍不能免负其责。

(4) 付款人的特殊责任

《关于审理票据纠纷案件若干问题的决定》第五十三条、第五十四条规定,付款人或者代理付款人未能识别伪造、变造的票据或者身份证件而错误付款,属于《票据法》第五十七条规定的"重大过失",给持票人造成损失的,应当承担民事责任。付款人或者代理付款人承担责任后有权向伪造者、变造者依法追偿。持票人有过错的,也应当承担相应的民事责任。付款人及代理付款人有以下情形之一的,应当自行承担责任:①未依照《票据法》第五十七条的规定对提示付款人的合法身份证明或者有效证件以及汇票背书的连续性履行审查义务而错误付款的;②公示催告期间对公示催告的票据付款的;③收到人民法院的止付通知后付款的;④其他以恶意或者重大过失付款的。

(5) 付款人的权利

汇票付款人付款时必须要求持票人交出汇票并记载收清字样。持票人如不记载并交回票据,付款人可拒绝付款。汇票经全额付款后,汇票上的权利义务关系全部消灭,不仅付款人免除票据责任,在汇票上签名的所有票据债务人均因此而免责。

(七) 追索权

追索权是指汇票到期不获付款或期前不获承兑,或有其他法定原因出现时,持票人在履行了保全手续后,向其前手请求偿还汇票金额、利息及费用的一种票据上的权利。追索权涉及追索权人和被追索人。

1. 追索权人

汇票上可行使追索权的人有以下两种:①持票人。持票人为最初追索权人,当所持汇票不获承兑或不获付款,或有其他法定原因无从请求承兑或付款时,持票人即可行使追索权。但持票人为出票人时,对其前手无追索权,持票人为背书人时,对其后手无追索权。②因清偿而取得票据的人。票据债务人(被追索人)清偿了其后手(包括原追索权人)的追索金额后,便取得了持票人的地位,可以向其前手行使追索权,即再追索权。再追索权人包括背书人、保证人和参加付款人。

2. 被追索人

被追索人即偿还义务人，包括：①出票人。出票人负有担保承兑和付款的责任，在汇票不获承兑或不获付款时，应负偿还票据金额的义务。②背书人。背书人也同样负有担保承兑和付款之责，也有偿还义务。③保证人。保证人与被保证人负同一责任，因而在追索过程中，也是被追索人。

行使追索权有实质要件和形式要件两方面的要求。

（1）行使追索权的实质要件

实质要件是指追索权发生的原因，分为两种：①不获承兑；②不获付款。不获付款既可以是付款人明确表示拒绝付款，也可以是付款人被宣告破产、解散、歇业或付款人死亡、逃避或其他原因使持票人无法得到款项。

（2）行使追索权的形式要件

追索原因出现后，持票人必须依法作出票据权利保全行为，才能行使追索权。保全是持票人行使追索权的前提，持票人不为保全手续，将发生丧失追索权的不利后果。持票人的保全手续之一是作成拒绝证书。持票人提示汇票承兑或付款遭拒绝后，如欲行使追索权，还必须请求拒绝人或有关机关作成拒绝证书。提示和作成拒绝证书共同构成一个完整的追索权保全行为，不做到这两点，追索权就无从谈起。

拒绝证书具有以下特征：①拒绝证书是要式公证书。拒绝证书是公证书，只能由特定的机关作成而不能由私人作成。同时，它又是一种要式证书，其记载事项必须严格依法律规定。②拒绝证书是用以证明持票人曾依法行使票据权利或无从行使票据权利的证书。持票人依法行使票据权利是指其在规定的期间为承兑和付款提示等。持票人无从行使权利的情况主要是指付款人或承兑人死亡、逃避或被宣告破产、解散、歇业等。拒绝证书对上述行为或情形作出证明。③拒绝证书是证明持票人的权利未能实现的证书。只有当持票人行使票据权利遭到拒绝或根本无法行使权利时，为向其他票据债务人追索，才依法作成拒绝证书以证明其权利未能实现这一事实。

拒绝证书具有法定的证明效力，在法律不允许其他文件替代的情况下，它是唯一的证明持票人权利未能实行的文件。即便拒绝的内容确实有误，当事人也不能自行否定其效力，而只能提示强有力的证据，由法院根据当事人提出的证据对其真实性和效力加以认定。除非法院否定其效力，否则拒绝证书永久有效。

可以替代拒绝证书的文件有三种：略式拒绝证书、退票理由单、法律规定的法院或有关机关的文件。

持票人追索权的行使，始自提示和作成拒绝证书，终于领受追索金额并交回汇票，须经以下程序：①保全追索权。②通知拒绝事由。持票人作成拒绝证书后，应在法定期间将自己被拒绝承兑或付款的事由通知其所要追索的对象，这称为"拒绝事由之通知"或"追索通知"。我国《票据法》规定，持票人应当自收到被拒绝承兑或者被拒绝付款的有关证明之日起三日内，将被拒绝事由书面通知其前手，其前手应当自收到通知之日起三日内书面通知其再前手。③债务人自动偿还。④确定追索对象。持票人依法发出追索通知后，如无人自动偿还，持票人便确定具体的追索对象，进行追索。汇票上的所有债务人对持票人均负有担保付款的责任，持票人可根据自身的情况，不受债务人承担债务先后顺序的限制，在债务人中任意选择追索对象，并且可以分别或同时就两个或两个以上债务人进行追索。⑤请求偿还。请求偿还的金额包括被拒绝付款的汇票金额；自到期日或者提示付款日起至清偿日止，按照中国人民银行规定的利率计算的利息；取得有关拒绝证明和发出通知书的费用。⑥受领和交回汇票。被追索人如为清偿，追索权人应受领并将汇票连同拒绝证书以及收款清单一并交给被追索人。被追索人可以按上述程序行使再追索权。

三、本票

（一）本票的概念

《票据法》第七十三条规定，本票是出票人签发的，承诺自己在见票时无条件支付确定的金额给收款人或者持票人的票据。本票是由出票人自己支付的票据，即自付证券，因此本票仅有两方当事人，即出票人与收款人，而没有独立的付款人。由于出票人承诺自己付款，所以本票的出票人、付款人集于一身，具有双重身份。另外，本票没有承兑制度，本票的出票人自始至终是票据的主债务人，承担着首要的、绝对的和最终的付款责任。我国《票据法》承认见票即付的、记名的银行本票。

（二）本票的格式

签发本票要依照《票据法》规定的格式，否则不发生本票效力。以下事项未记载的本票无效：①表明"本票"的字样。即本票文句，除了用"本票"二字外，用了同义文字如期票、信票等名称的，也可以认为是本票。②无条件支付的承诺。即支付文句。无条件支付为各种票据的共同属性，而在本票中则是由出票人表示承担无条件付款的责任。附有条件的支付承诺则导致本票无效。我国通常用"凭票支付"字样表示本票无条件支付的承诺。③确定金额。本票为金钱证券，没有确定金额便无法进行支付，所以必须写明具体金额。④收款人名称。收款人是本票的基本当事人之一，由于我国《票据法》不允许无记名票据，所以本票必须记载收款人名称。⑤出票日期。出票日期是指出票行为完成的日期。出票时间对票据来说十分重要，因为出票日是决定付款到期日、提示日、利息起算日及票据出票人有无行为能力等的重要依据。⑥出票人签章。出票人是创设票据权利的人，没有出票人的签章，出票的票据行为就不能成立。出票人签章包括出票人的签名、盖章或者签名加盖章。

以下事项未记载者，适用法律规定：①到期日。到期日是应该支付票据金额的时间，故又称付款日期。《票据法》规定，本票上未记载到期日的，视为见票即付。②付款地。付款地是本票债务人履行付款责任的地点，是本票收款人或持票人行使付款请示权的地点。《票据法》规定，本票上未记载付款地的，以出票人的营业场所为付款地。③出票地。出票地是出票行为完成的地点。《票据法》规定，以出票人的营业场所为出票地。

（三）本票的见票

见票是本票的持票人按照规定期限，向本票的出票人提示本票，由出票人在本票上记载"见票"字样、见票日期并签名，出票人支付票据金额的行为。

1. 提示见票的效力

由于我国《票据法》规定本票限于见票即付，持票人可以随时请示付款，提示见票日就是本票的到期日，所以出票人必须在持票人提示见票时承担付款的责任。

2. 提示见票的期限

由于见票即付的票据自出票日起随时可以请求付款，因此见票即付票据的付款提示期限自出票日起计算，我国《票据法》规定，本票付款期限最长不得超过两个月。

本票与汇票在性质上相同之处甚多，为了避免法律条文的重复和累赘，各国票据法均以汇票为主进行规定，对于本票，仅明确规定其与汇票不同的制度，凡是与汇票相同的，适用汇票的规定。我国《票据法》第八十条规定，关于本票的出票、转让、保证、付款、追索权的行使，适用汇票的有关规定。

四、支票

（一）支票的概念与特征

《票据法》第八十一条规定，支票是由出票人签发的、委托办理支票存款业务的银行或者其他金融机构于见票时无条件支付确定的金额给收款人或者持票人的票据。支票具有票据的一些共同特征。支票是委托证券，即出票人（委托人）委托付款人（受托人）按其指示支付确定金额给收款人或持票人，而有资格受托作为付款人的只能是特定的金融机构。在我国，支票的付款人仅限于经中国人民银行批准的办理支票存款业务的银行、城市信用合作社和农村信用合作社。支票的付款人具有严格的资格限制，这是支票区别于同为委托证券的汇票的特征之一。支票必须是见票时无条件支付，即见票即付，不许在出票日之外另有到期日存在，也不许附带其他任何条件。这一点与见票即付的银行本票相同。

（二）支票的种类

根据我国《票据法》的规定，按照支付方式、用途的不同，支票可以分为以下三种。

1. 普通支票。即不限定支付方式的支票。这种支票可以支取现金，也可以转账。用于转账时，应当在支票的正面注明，以示该支票只能转账付款。

2. 现金支票。即专门用于支取现金的支票。持票人持现金支票向票载付款人提示后，即可取得支票上所载数额的现金。

3. 转账支票。即专门用于转账的支票。收款人或持票人向付款人提示转账支票后，付款人不得以现金支付，而以记入收款人或持票人账户的方式支付，收款人或持票人再从自己账户提取现金。转账支票较现金支票优越之处在于安全性。

（三）空头支票

根据传统的理论，支票是支付证券，又是见票即付的证券，因此严格要求支票的签发人在付款银行或其他金融机构有相应的存款资金。支票的出票人通过支票合同形式委托付款银行或其他金融机构付款的，支票的出票人必须在付款人处有可以依法由其处置的资金。在支票关系中，法律要求票据关系与基础关系中的资金关系不能相分离，这是票据无因性的特殊例外。支票是见票即付的票据，没有承兑制度，因此持票人不可能知道所持支票能否兑付，所以必须要求支票的资金关系与支票的关系紧密，要求出票人应有得以处置的资金在付款人处。

依据我国《票据法》的规定，出票人签发的支票金额超过其付款时在付款人处实有的存款金额的为空头支票。我国《票据法》关于空头支票的定义是十分严格的，即要求在付款人处必须实有支票金额的存款，这就排除了预期或可能收到的存款，即排除了透支合同。

但是，现在许多国家包括我国都纷纷承认并允许采用"保付支票"，即在出票人与付款人有明确约定时，即使支票的签发人在付款银行或其他金融机构没有相应的存款资金，也可以签发支票，付款人保证支付。保付支票，实际包含了融资关系，类似于汇票。

(四) 支票出票的效力

支票出票的效力包括对出票人的效力、对付款人的效力和对收款人的效力三方面。

1. 对出票人的效力

支票出票人应依支票文义承担担保付款的责任。支票出票人的担保付款责任是最终的、绝对的，这与汇票、本票的出票相同，但支票经付款人保付后，出票人的担保责任可免除。支票无承兑制度，因而出票人不承担承兑义务。支票出票对出票人的效力具体表现在：①法律允许发行空白支票，由出票人授权他人补记。所补记的支票金额与出票人和持票人之间的协议不相符合的，出票人不能因此对抗善意持票人，除非持票人取得该支票为恶意或有重大过失。②出票人签发支票时使用的印章应当与银行预留的印鉴相一致，但即使出现支票出票人印章与银行预留印鉴不同的，出票人仍须对该支票负责。③对于持票人在提示期限届满之后的提示付款，出票人仍须承担票据上的义务。但因持票人过失造成出票人损失的，持票人应予以赔偿，赔偿金额不得超过票面金额。④出票人在支票的法定付款提示期限内不得撤销付款委托，其撤销在付款委托期间不生效。除了上述票据上的责任，出票人若违反法律规定，签发空头支票，应承担相应的民事、行政、刑事责任。

2. 对付款人的效力

支票的出票行为是以委托付款为目的的票据行为，付款人因出票人的出票行为取得了按支票所载文义付款的权限，但付款人并不负有票据法上的付款义务。因为出票行为属单方行为，出票人可以为持票人创设权利但无权为付款人设定票据义务，付款人的付款权限是出票人基于与付款人的资金关系而授予的。因而付款人只在一定条件下对支票持票人承担付款的义务，即出票人在付款人处的存款足以支付支票金额，且付款人未收到出票人破产宣告通知的，应当足额付款。可见，支票付款人的付款义务是有条件的、相对的。对提示期限届满后提示付款的支票，付款人有权拒付，也可以予以付款。但若支票的出票人已发出付款委托撤销通知，或者支票发行已超过一年时间，付款人即不得付款，否则付款人应对出票人承担损害赔偿的责任。

3. 对收款人的效力

收款人依出票人的出票行为取得票据权利，即支付请求权和票款收领权，但由于支票付款人承担的是有条件的、相对的付款义务，因而收款人无以得知付款人是否付款，收款人持有支票只取得一种期待权，该权利只有在现实受领票款时，才成为现实权。此外，收款人享有支付请求权派生的权利——追索权,即收款人的支付请求遭拒付时,在法定期内作成拒绝证书,得向其前手追索。

另外,支票的保付行为不属付款人的义务,也非付款的必经程序,因而收款人不享有请求付款人实施保付行为的权利。

参考文献

[1] 吴蕾. 经济法基本问题研究［M］. 长春：吉林大学出版社有限责任公司，2022.

[2] 刘蕾. 经济法主体及其权责问题研究［M］. 北京：中国商务出版社，2022.

[3] 李发展. 经济法［M］. 长沙：湖南师范大学出版社，2022.

[4] 高晋康. 经济法［M］. 成都：成都西南财大出版社有限责任公司，2022.

[5] 黎江虹，沈斌. 经济法教程［M］. 北京：清华大学出版社，2022.

[6] 王克水. 当代经济与经济法理论研究［M］. 长春：吉林人民出版社，2022.

[7] 程信和. 经济法重述［M］. 广州：广州中山大学出版社，2022.

[8] 赵美珍，刘永宝. 实用经济法新编［M］. 北京：法律出版社，2022.

[9] 荣振华，刘怡琳，毕琳琳. 经济法概论：第2版［M］. 北京：清华大学出版社，2022.

[10] 付裕，苑梅. 经济法基础与实务［M］. 大连：东北财经大学出版社有限责任公司，2022.

[11] 宗泊，张惠珍. 国际经济法［M］. 武汉：武汉大学出版社，2022.

[12] 沈永希，陈小凤. 经济法基础［M］. 北京：经济科学出版社，2022.

[13] 师华. 国际经济法概论［M］. 上海：同济大学出版社，2022.

[14] 刘泽海，厉敏萍. 经济法基础与实务［M］. 北京：人民邮电出版社，2022.

[15] 马慧娟，李丹萍. 经济法概论［M］. 昆明：云南大学出版社，2021.

[16] 王婷婷，孙桂娟. 经济法基础［M］. 上海：立信会计出版社，2021.

[17] 吕志祥. 经济法基础理论研究［M］. 北京：九州出版社，2021.

[18] 徐秉晖. 论经济转型中的中国经济法［M］. 成都：四川大学出版社有限责任公司，2021.

[19] 孔志强，赵鹏. 经济法概论［M］. 上海：立信会计出版社，2021.

[20] 李贺，宋建涛. 经济法基础［M］. 上海：立信会计出版社，2021.

[21] 王娟，唐雪梅. 经济法教程［M］. 上海：同济大学出版社，2021.

[22] 刘卉. 经济法理论与应用研究 [M]. 昆明：云南人民出版社，2021.

[23] 刘文华. 经济法概论 [M]. 北京：国家开放大学出版社，2021.

[24] 何万能，邓黎明，贺旭红. 经济法基础 [M]. 北京：中国财政经济出版社，2021.

[25] 刘敏，吴泓，韩小梅. 中国经济法研究理论规则与实践 [M]. 杭州：浙江大学出版社有限责任公司，2021.

[26] 黄娟，姚毅，李方峻. 经济法 [M]. 北京：北京理工大学出版社有限责任公司，2020.

[27] 谢慧. 经济法 [M]. 重庆：重庆大学出版社，2020.

[28] 朱长根，张靖，谢代国. 新编经济法教程 [M]. 北京：北京理工大学出版社，2020.

[29] 乐世华. 国际经济法的理论与要义新探 [M]. 北京：九州出版社，2020.